Livro das Delicadezas

Dados Internacionais de Catalogação na Publicação (CIP)
(Câmara Brasileira do Livro, SP, Brasil)

Menezes, Alano Porto de
  Livro das delicadezas : o mundo de Maria Amada ; prefácio de Faustino Teixeira. – Petrópolis, RJ : Vozes, 2022.

  ISBN 978-65-5713-545-7

  1. Carmelitas (freiras) 2. Irmã Maria Amada
3. Vida religiosa I. Teixeira, Faustino. II. Título.

22-106131   CDD-271.97102

Índices para catálogo sistemático:
1. Carmelitas : Freiras : Biografia e obra   271.97102

Cibele Maria Dias – Bibliotecária – CRB-8/9427

Livro das Delicadezas

O MUNDO DE MARIA AMADA
POR FREI ALANO PORTO DE MENEZES, OP

PREFÁCIO DE FAUSTINO TEIXEIRA

EDITORA VOZES

Petrópolis

© 2022, Editora Vozes Ltda.
Rua Frei Luís, 100
25689-900 Petrópolis, RJ
www.vozes.com.br
Brasil

Todos os direitos reservados. Nenhuma parte desta obra poderá ser reproduzida ou transmitida por qualquer forma e/ou quaisquer meios (eletrônico ou mecânico, incluindo fotocópia e gravação) ou arquivada em qualquer sistema ou banco de dados sem permissão escrita da editora.

CONSELHO EDITORIAL

Diretor
Gilberto Gonçalves Garcia

Editores
Aline dos Santos Carneiro
Edrian Josué Pasini
Marilac Loraine Oleniki
Welder Lancieri Marchini

Conselheiros
Francisco Morás
Ludovico Garmus
Teobaldo Heidemann
Volney J. Berkenbrock

Secretário executivo
Leonardo A.R.T. dos Santos

Editoração: Elaine Mayworm
Diagramação: Editora Vozes
Revisão gráfica: Rubia Campos
Capa: Renan Rivero
Ilustrações de capa e miolo: (xilogravura - episódio "Trem e Tomates") e 46 ilustrações (bico de pena) de Paulo Couto Teixeira (Pulika)

ISBN 978-65-5713-545-7

Este livro foi composto e impresso pela Editora Vozes Ltda.

Sumário

Prefácio, 9

Apresentação da sexta edição, 17

Prefácio da nona edição, 19

Testemunho, 21

O mundo encantado da Tia Lia, 23

Nota prévia, 27

A família, 29

Eu nasci com música, 33

O elástico da sombrinha, 34

Noite de Natal na fazenda, 37

No terreiro da casa grande, 38

Minha primeira confissão, 40

Como aprendi as primeiras letras, 43

A primeira Ave-Maria, 46

A dispensa do jejum, 48

Sá Rita e o Jacozinho, 50

A conversa na sala, 52

Ciúme da sandalinha bordada, 54

Fofocando..., 56

O desmaio na bica d'água, 58

Trem e tomates, 60

A melancia, 62

O papudo, 64

Esperando uma visão, 65

Com bonecas até os 14 anos, 67

Cortando e bordando, 68

Um sonho, 70

Meus pais, 73

O passeio com a vovó, 76

O tiro no catre de jacarandá, 76

A onça da mina, 79

Os discos voadores, 80

A bola de fogo do céu, 80

O apito da máquina, 81

Estalos e raios, 81

O coral de papagaios, 84

O beija-flor e a coroa de rosas, 84

O chá e o veneno, 86

O beija-flor, a borboleta e as abelhas, 87

A empregadinha de Nossa Senhora, 90

O diamante do Funchal, 93

Como comprei a máquina de costura, 95

A correria dos chapéus, 95

O agente Otávio e o trem, 96

A cascavel, 97

A confusão das línguas, 97

Um almoço do céu, 99

Jesus é Jesus e nunca deixou de ser Jesus, 102

O vestido novo, 108

A caixa de marimbondos, 110

O leproso, 112

O sacrário e as rosas, 114

O guarda-chaves e a Sexta-feira Santa, 115

Convite a Jesus para almoçar, 117

O sapato da sola virada, 120

A cisterna milagrosa, 122

A empregadinha escondida, 125

O homem que queria matar, 127

A pescaria, 128

A Providência Divina – peixe e lombo, 130

O moço que ia tomar veneno, 131

O sorriso da namorada, 133

A vela, 134

O cachimbo de Clemente, 137

O presente do céu, 139

Os passarinhos do algodoal, 142

José, o suicida, 145

O tormento da saudade, 147

O canto da cigarra, 149

O Rosário contém os Evangelhos, 151

A face do demônio, 154

O poema, 156

O operário pobre, 159

O ferro de engomar, 160

A minha vocação (1947), 161

Fundação do carmelo em Juiz de Fora, 164

O cafezinho do noviciado, 167

O latim do Ofício Divino, 169

"Deus dá e traz cá", 173

Confidência, 175

Alça com alça, 175

É preciso oferecer a gema..., 177

É Natal, 178

"Aí dentro mora um povão", 181

Prova infalível, 183

Prefácio

Maria Amada: uma monja que irradia fé, acolhida e alegria

Ao pensar em escrever este prefácio ao *Livro das delicadezas* veio-me logo a identificação de Maria Amada como uma monja zen. Tudo que vou aprendendo com os grandes mestres dessa tradição budista vejo refletido com profundidade na experiência de Maria Amada. Vejo em particular a retomada da experiência de um grande patriarca zen que morreu no século IX (Lin Chi), em 867. Para ele, o grande mote de sua prática era "viver simplesmente". O caminho espiritual é o caminho da vida, desvestida de todos os penduricalhos. Para ele, não existia nada de muito especial para alcançar a iluminação, senão viver a vida com toda a simplicidade, bebendo chá e comendo arroz, sem nenhum objetivo extraordinário.

Maria Amada foi uma monja-camponesa que "largou" sua vida aos cuidados de Deus, de forma magnífica e exemplar. Lendo as singelas histórias que estão no *Livro das delicadezas*, recolhidas por Frei Alano de Menezes, nos deparamos com o cerne da simplicidade, com o despojamento mais transparente, com a disponibilidade de servir que irradia e encanta a todos os que tiveram, como eu, o privilégio de uma proximidade maior com ela. Mas também a todos que, agora, encontram a oportunidade de ler com atenção suas singelas histórias.

Em página preciosa de apresentação do livro, Frei Vital, então bispo de Itaguaí (RJ), sublinha que Maria Amada cultivou, até o fim de sua vida, a capacidade de maravilhar-se. Sua experiência espiritual não era etérea, mas nascia "no chão da vida". Como na canção de Gil sobre o baião: O que nasce "do barro do chão" vem habitado por um "sopro divino", um sopro "que sobe pelos pés da gente e de repente se lança pela sanfona afora até o coração do menino". E foi do "barro do chão" que veio a energia espiritual de Maria Amada, que emocionou a todos que viveram com ela mais de perto, recebendo o dom de seu sorriso e de sua acolhida. Como diz Dom Vital, a verdade que animava Maria Amada era o dom da vida: "Bastava-lhe viver. Uma verdade simples como um pedaço de pão que é visto e tocado, partido e partilhado, que se molha no café com leite". E assim, de forma simples e evangélica, fazia acontecer com sua simplicidade a substância e melodia das coisas.

As histórias de Maria Amada trazem a "gostosura" do ritmo mais cotidiano da vida simples, que vem do interior de Minas. Cito aqui duas que estão no livro. A primeira fala de seu nascimento:

> Deus primeiro criou o sol, a lua, as estrelas, as árvores, as aves, os animais, os peixes, tudo, tudo, tudo...
> Quando Ele terminou e viu que tudo era muito bonito, pensou: "Agora vou criar uma criaturinha feliz!" E criou "eu"!

A segunda história relata sua "primeira confissão", quando tinha por volta de 3 a 4 anos:

> Mamãe me levou para a igreja, em Nova Serrana, onde ia se realizar o casamento. Eu estava pertinho dela. Olhei para o lado e era aquela fila de mulheres confessando. Quando uma saiu do confessionário, eu desgarrei da mamãe sem ela ver, e corri para o padre. "Que, que você quer, filhinha?", me perguntou ele. "Confessar", respondi. "Mas você tem pecado?" "Já tenho dois." Nisto ele me pegou e me assentou no colo dele. Eu aproveitei a oportunidade para balançar as perninhas a fim de que ele visse o meu sapatinho novo. Eu tinha também duas tranças no cabelo. O padre, brincando com minhas tranças, perguntou: "Mas quais são estes seus dois pecadinhos?" "Meu primeiro pecado [respondi] é porque eu tiro a nata do leite do vovô." "Você acha que isto é pecado." "Sim, a vovó disse para não fazer, porque isso até é pecado!" "É, filhinha, você não vai mais tirar a nata do leito do vovô não, não é? Coitado; ele fica tomando aquele leite aguado, sem gosto... Bom, e qual é o outro pecadinho?" Eu aproveitava

a conversa e não cansava de mostrar o meu sapatinho. "O outro pecado é que eu tenho um gatinho e gosto muito de ver a língua dele; então eu aperto assim o pescocinho dele [e apertava a mão do padre] para ele mostrar a língua. "Mas assim [disse o padre] ele morre." "Não; ele não morre não. Depois eu passo a mão nele, assim, e ele fica bom de novo."

Maria Amada foi uma camponesa dos sertões de Pitangui e Dores do Indaiá. Uma camponesa que depois se tornou costureira e, aos 60 anos de idade, recebeu a tão desejada acolhida entre as carmelitas descalças. Buscou recolher, com fé e gratidão, as "migalhas" que lhe foram oferecidas (Jo 6,12). As vozes críticas à sua entrada no carmelo argumentavam três traços que eram duros: não podia ser aceita por ser velha, pobre e analfabeta. Isso não a desanimou, até que recebeu o convite para ser porteira no Carmelo de Petrópolis. Ali tinha uma vida simples, como desejava: "Atender à portaria, ao telefone, transmitir para dentro da clausura, para a irmã porteira interna ou a priora, através da roda, os recados, receber ordens e encomendas e executá-las". Nos momentos livres, dedicava-se ao que lhe dava mais prazer: as orações na capela, onde diariamente se reabastecia. Dizia que ali na portaria os dias passavam rápido e reconhecia no lugar um "ermo de felicidade", gozando o tempo em silêncio, recolhimento e oração. Dizia que ali, diante "do Sagrado Coração de Jesus" buscava a "febre alta de 41° graus de amor". Pedia à sua Mãezinha para preparar seu coração para ser aquele jardim de delícias. Via na oração a ponte lançada entre a terra e o céu para a visita ansiada da divindade.

Depois de 10 anos da portaria do mosteiro em Petrópolis, Maria Amada foi convidada por Madre Tereza, que ocupava a função de roupeira, para fazer parte de uma nova fundação em Juiz de Fora (MG). Diante da resistência de algumas em aceitar o ingresso de Maria Amada, Madre Tereza assinalou que mesmo que ela tivesse 70 anos, a levaria com ela para a nova missão. A entrada ocorreu em 27 de julho de 1957. Junto com a nova superiora, Madre Tereza, vieram outras irmãs: Irmã Rosa Branca, Irmã Maria de Lourdes, Irmã Ana Lúcia (noviça). Maria Amada ficou ainda um tempo em Petrópolis, como noviça, antes de se mudar para Juiz de Fora.

A vida de Maria Amada em Juiz de Fora foi de acolhida e oração. Dizia que "se as pessoas soubessem o valor da Ave-Maria, subiam para o céu como um foguete". O mais lindo de tudo, em sua vida de religiosa, era a comunhão com o todo. A natureza e os pássaros faziam parte intrínseca de sua devoção a Deus: seu amor às borboletas, aos papagaios, às abelhas, às cigarras e aos beija-flores adornam maravilhosamente suas histórias ao longo do livro. Para ela, "o mundo era a fazenda do Pai".

Gostava também, imensamente, da música. Dizia numa de suas histórias que nasceu com a música. De fato, no dia de seu nascimento, em 14 de abril de 1897, foi recebida pela festiva música de uma banda: "Agora podem tocar, porque já tenho mais uma netinha na fazenda", comemorou o seu avô. Lembro-me do período em que tocava violão e cantava nas celebrações do carmelo em Juiz de Fora, nos anos de 1970, e isto era motivo de entusiasmo para Maria Amada. Recebia-nos ao final da celebração em sua cela, e logo dava as mãos e voltava seu rosto sorridente para todos nós. Era a verdadeira santidade das carícias, cercada pelos gestos de carinho e acolhida.

O que ocorreu depois, na história do carmelo da cidade de Juiz de Fora é muito triste. As irmãs acabaram tendo que sair da cidade por desavença com o então bispo Dom Juvenal Roriz. Um dos motivos era sua resistência à experiência de abertura das irmãs conventuais, que colocavam em prática as reformas do Concílio Vaticano II (1962-1965). Acabaram saindo de Juiz de Fora, em 1984, sendo acolhidas por Dom Vital em Itaguaí. Ali Maria Amada passou o último período de sua vida. Em seguida foram para a Paraíba, na cidade de Bananeiras, onde estão até hoje.

O sonho de um carmelo leve, delicado, profético e acolhedor segue hoje com dificuldade, mas muita disposição em terras da Paraíba, sob o carisma inspirador de nossa querida Irmã Terezinha. Como diz Guimarães

Rosa em *Grande Sertão: Veredas*, a gente cai, mas a gente levanta, com coragem, fé e esperança. Temos que saber montar em cavalo que nos leva para o rumo da alegria. Como diz Papa Francisco em sua última encíclica, *Fratelli Tutti*, ninguém se salva sozinho, mas só comunitariamente. Essa é a esperança que nos move e aquece o nosso coração em favor de um novo rosto de Igreja, em conformidade com o sonho fraterno de Jesus.

A primeira edição do *Livro das delicadezas* saiu em dezembro de 1979, e seu grande incentivador foi Frei Alano Porto de Menezes, OP que teve o delicado trabalho de ouvir com atenção e compilar as histórias. Depois disso foram várias as edições mais caseiras, sempre com muito sucesso. As ilustrações da capa e ao longo do livro, adornando as histórias, são de autoria do artista plástico de Juiz de Fora, Paulo Couto Teixeira (o Pulika). A nova edição da Vozes procura ser fiel ao máximo à primeira edição. No projeto recente estava prevista uma série de testemunhos de amigos que sairiam à parte num anexo. A ideia foi transformada, e os testemunhos vão sair aos poucos publicados no Instituto Humanitas da Hunisinos (IHU-Notícias).

Queria ainda agradecer aos amigos de toda parte do Brasil que acolheram a campanha em favor da publicação do livro, com donativos espontâneos. A resposta à demanda foi bem mais auspiciosa do que eu imaginava, e conseguimos angariar fundos que foram destinados à nova edição do livro. Todos os recursos com a vendagem da obra serão revertidos para a ajuda ao Mosteiro de Bananeiras. Agradecemos, portanto, à generosidade de todos que contribuíram, tanto na doação de recursos como nos testemunhos escritos, e em particular à Madre Terezinha, que leva com coragem, animação e esperança o carisma do carmelo nas terras nordestinas.

Faustino Teixeira
PPCIR/UFJF / Paz e Bem / IHU

Apresentação da sexta edição

O tempo que a Irmã Maria Amada passou em Itaguaí não chegou a completar dois anos. Foram os últimos de sua vida. Suficientes para colher, como migalhas que sobraram na mesa, as "delicadezas" desta carmelita camponesa. Nas nossas conversas, estas "delicadezas" voltavam-lhe bem vivas à memória, já enfraquecida pela idade muito avançada. Não eram, porém, meras lembranças do passado. No seu olhar adivinhava-se a experiência de um presente, experiência de uma presença do amor do Pai: "Eu sinto aqui dentro do meu peito uma *gustusura*, uma delícia, uma alegria como de uma criança". Maria Amada conservou até o fim da vida a capacidade de maravilhar-se. Sua procura da verdade, ela o fazia no chão da vida. Uma verdade que continuamente se renovava nela como a água da fonte, sempre nova e sempre a mesma. Nascia-lhe de dentro. Uma verdade que ela não precisava tomar emprestada de modelos externos. Bastava-lhe viver. Uma verdade simples como um pedaço de pão que é visto e tocado, partido e partilhado, que se molha no café com leite.

Quanto tempo e quantas alegrias os homens gastam para justificar-se e para explicar-se! É o peso da convivência humana, muitas vezes esparramado em formalidades e normas detalhadas. Irmã Maria Amada as derrubava simplesmente porque não as enxergava. Ingenuidade? Imprudência? Creio que era mais por causa da luz que iluminava o seu caminho. Luz que lhe dava a liberdade de ir ao encontro da substância das coisas. Luz que impedia o surgimento de esconderijos, de reticências, de subterfúgios. Por isto ela era capaz de iluminar também os caminhos dos outros.

Frei Alano Porto de Menezes proporcionou-nos uma grande alegria com esta sexta edição, já ampliada, do *Livro das delicadezas*. Seja para muitos motivos de louvor ao Pai que ocultou estas coisas aos sábios e doutores e as revelou aos pequeninos, porque assim foi do seu agrado (Mt 11,25-26).

Itaguaí, 30 de novembro de 1986.
Frei Vital J.G. Wilderink, O.Carm.
Bispo de Itaguaí

Prefácio da nona edição

Desde o aparecimento da primeira edição do *Livro das delicadezas* em dezembro de 1979, grande foi a curiosidade dos leitores em relação à vida da Irmã Maria Amada, sobretudo sua vida religiosa dentro do claustro, pois ela ainda vivia entre nós.

Aquele livro nasceu de um diálogo que tive o privilégio de manter com a Irmã, após as missas que celebrei como capelão, no locutório do carmelo. Cada dia ela me contava um fato diferente de sua vida, cuja candura me impressionava. Ela própria, empolgada, repetia muitas vezes ao final: "Se eu fosse escritora, haveria de contar em livro as delicadezas da Mãezinha do Céu. Quando o senhor estiver no púlpito, fale dela por mim".

Aos poucos esta necessidade se tornou imperiosa dentro de mim; como ela não aceitava falar diante de um gravador, comecei a anotar em qualquer papel de embrulho, que por ali estivesse ao meu alcance, as expressões mais peculiares usadas por ela no relato do que me contava despreocupadamente. Em casa, passava a limpo o que ouvira. E assim foram coligidos mais de 80 episódios. Não foram publicados em ordem cronológica. Depois do seu falecimento, ocorrido a 10 de agosto de 1984, em Itaguaí, impôs-se a necessidade de uma pesquisa mais aprofundada dos fatos e de sua vida. Seu sobrinho Osvaldo Jacinto de Faria dispôs-se a fazer comigo uma viagem aos locais onde ocorreram os fatos narrados. Saímos nos dias 18 e 19 de julho de 1985, visitando Dores do Indaiá, Perdigão e Bom Despacho, sobretudo chegamos até a Fazenda do Pinduca, onde se passou a infância da Lia, revivendo tudo o que ela contava. Os contemporâneos nos falaram ao vivo de suas recordações.

As casas, muros, pedras do terreiro, o engenho, o córrego, a linha do trem, tudo lá estava a testemunhar a veracidade e o realismo dos fatos narrados pela memória viva desta contemplativa octogenária que, com um olhar singelo, transparente e límpido, valorizou tudo o que viu e ouviu em sua longa existência. Ela foi sempre, até em suas travessuras infantis, uma carmelita contemplativa sem grades e véus.

Proponho-me aqui repartir os fatos narrados no *Livro das delicadezas* em ordem cronológica, com divisões e subdivisões que possam ajudar a leitura. Acrescento aqui e ali algumas anotações ou mesmo capítulos inteiros para uma maior compreensão do quadro em que se desenrolou sua vida.

Este livro não é uma coletânea de histórias para crianças. Ele nasceu de uma alma adulta, amadurecida nas lutas da vida. Ele nos leva à descoberta de um tesouro, inexplorado ainda, da alma humana.

Frei Alano Porto de Menezes, OP

Testemunho

Considero uma graça ter conhecido Irmã Maria Amada e ter merecido por parte dela uma atenção toda especial. Na sua simplicidade me chamava carinhosamente "Dom" Jaime.

Transparente, com aquele olhar de criança, irradiava uma intensa felicidade, uma paz que nada e ninguém lhe tirava. Nas coisas simples do dia a dia enxergava constantemente a dimensão do divino. Vivia mergulhada na contemplação, talvez sem o saber. Inocência contagiante, parecia nunca ter sido atingida pelo pecado. O que era problema para os sábios era evidência cristalina para ela. O carmelo era aquele pedacinho do Paraíso onde vivia conversando com a Mãezinha do Céu, como que enxergando o invisível.

Sua familiaridade com o divino era tal, que só sabia falar das suas grandes amizades do invisível. Sua fé era tão simples e irresistível, que transportava montanhas. Era este o mundo da Irmã Maria Amada. Terminava infalivelmente suas conversas comigo com o ritual do beija-mão: "santifica (nas palmas) e fortifica (por fora)".

E a gente se sentia como João Batista perante Jesus: eu é que devia ser batizado por ti!

É esta a imagem da Irmã Maria Amada, que guardo com muito carinho.

Padre Jaime Snoek, CSSR
Juiz de Fora, 19 de novembro de 1986.

O mundo encantado da Tia Lia

É realmente um mundo bem diverso deste, um paraíso silencioso, calmo, onde não existem rancores, maldades, desconfianças... onde não se veem atropelos e correrias, onde tudo é sereno, é paz, é celestial, cheio de esperanças, de amor... mundo de felicidade, onde Deus se faz mais presente, onde um conforto espiritual é tão intenso que mais parece um sonho de um deslumbramento esplendoroso. Como se a gente estivesse no céu junto a Deus, aos anjos e aos santos! Ali não se ouvem rumores nem sons estridentes.

Sente-se a presença de um Superior divino, de alguma coisa que parece elevar-nos espiritualmente ao mais alto cume existente. Lá tudo é suave, de uma brandura misteriosa, tudo simples, tudo verdadeiro, tudo eterno!

Ah, conterrâneos meus, somente os olhos dela lhes demonstrariam tudo quanto tento expressar... Pouca gente de minha terra se lembra ainda da Lia, irmã de meu pai Josué Faria; da velhinha, agora com os seus 82 anos santos; da Lia, filha de Maria, da Lia de Dores do Indaiá, da santa Lia, Irmã Maria Amada, do Carmelo São José. Aos 60 anos de idade, sob licença especial do papa, ela ingressou no Convento das Carmelitas em Petrópolis, trazendo dali seu pedacinho do céu transportado depois para Juiz de Fora. O lugar não importa para as pessoas de Deus. Lá na sua santidade reza para todos os que a procuram. Lá está a Lia de Dores do Indaiá com suas histórias para nos contar de suas confidências com Jesus, de suas graças alcançadas. É preciso ver, sentir de perto que ainda existe muita coisa sublime neste nosso mundo louco de fantasias e ingratidões!

Na sua candura de carmelita, lá está ela transmitindo a todos que a visitam, com o macio de sua fala, palavras de consolo, de reanimação, de esperança, de ternura na sua simplicidade de serva do Senhor, na sua humildade quase indescritível, na sua santidade inabalável! Ah, minha gente, somos indizivelmente pequenos para compreender quanta grandiosidade está ali presente! É preciso estar perto para poder dimensionar o tamanho da singeleza de seu mundo, onde Cristo foi também morar, aonde a gente vai e quando volta não quer voltar! Suas palavras fazem-nos superar as nossas dificuldades diárias, ressurgindo em nós a luz de uma vida renovada. Existe nela o poder da linguagem de Deus, a própria força de Deus a nos dar novas perspectivas.

Faz-nos sentir com exatidão a realidade da fé, libertando-nos da angústia e do medo, tirando-nos dos emaranhados desta vida nem sempre risonha e fácil!

Não se pode esquecer o quanto é sublime, o quanto nos faz sentir o seu olhar pousando em nosso olhar, o quanto nos confortam as suas palavras, dando-nos uma esperança duradoura! Reveste-nos de uma força sobrenatural. Sua mente vigorosa, lúcida e tranquila transmite-nos a essência da vida, nos faz sentir que dentro de si há alguma coisa de superior.

Assim, meus conterrâneos, procurei dizer-lhes tudo o que vi e senti e que vocês também poderão ver e sentir no mundo encantado da tia Lia.

José Ribeiro de Faria
Trechos de um artigo publicado no jornal *O Liberal*,
de Dores do Indaiá,
15 de setembro de 1979.

Nota prévia

Os episódios aqui relatados traduzem a experiência de vida de uma camponesa, depois costureira e, aos 60 anos, religiosa carmelita descalça; abrangem fatos verídicos ocorridos desde a época de seu nascimento, nos sertões de Pitangui e Dores do Indaiá, Oeste de Minas.

A redação procurou guardar fidelidade absoluta ao conteúdo e à singeleza dos termos e expressões peculiares aos casos contados e repetidos pela boca de Irmã Maria Amada, OCD.

"Recolhei as migalhas, para que não se percam" (Jo 6,12).

"Deus primeiro criou o sol, a lua, as estrelas, as árvores, as aves, os animais, os peixes, tudo, tudo, tudo...
Quando Ele terminou e viu que tudo era muito bonito, pensou: 'Agora vou criar uma criaturinha feliz!' E criou 'eu'!"

"Deus risca e nós cortamos: 'Seja feita a sua vontade! A minha não é para ser feita, não!'"

"Eu sinto aqui dentro do meu peito uma gostosura, uma delícia, uma alegria como de uma criança! Acho tudo tão bonito, tão perfeito, tão tranquilo, transbordando felicidade... Não saio por aí pulando e dançando de alegria porque não fica bem para uma velhinha de 82 anos..."

"O mundo é a fazenda do Pai. Tudo são as páginas de meu livro."

"Um dia, Mainha veio me visitar, trouxe um caderno dessa grossura e me disse: 'Irmã Maria Amada. Tudo o que você me conta aqui no locutório ponha por escrito neste caderno'. Eu fui para a cela, rezei muito e pensei assim: 'Minha patroa, a Mãezinha do Céu, aquele abismo de sabedoria, nunca deixou nada por escrito; eu, a sua empregadinha, é que vou escrever? NÃO!'"

"Eu nasci com música e sei que vou morrer no dia que tiver uma festa aqui no carmelo."
Irmã Maria Amada

A família

Maria Martins de Faria, Lia para os íntimos, Irmã Maria Amada, em religião, é uma religiosa carmelita. Nasceu às margens do Rio Pará, afluente do São Francisco, nas Minas Gerais. Neta e bisneta de senhores de engenho, homens de muitas posses, mas guardiães das tradições religiosas e humanitárias de seus antepassados. Seu pai, João Martins Fagundes, nasceu no dia em que terminou a Guerra do Paraguai. Era pobre, carpinteiro por profissão, de sentimentos nobres e muito discreto. Foi no exercício dessa profissão que ele e Genoveva, mãe de Lia, se conheceram.

Genoveva, filha de ricos fazendeiros, Francisco Luiz de Faria e Maria Marra de Faria, muito piedosa, recomendava-se sempre a São José para que este escolhesse, ele mesmo, o seu noivo.

João tinha então 19 anos, estava todo trajado de preto por luto de suã mãe, quando, construindo com outros companheiros, o engradamento do telhado do casarão da fazenda do pai de Genoveva, a viu pela primeira vez e dela gostou.

Foi na Fazenda de seu avô materno que Lia viveu seus primeiros anos. Era um casarão de dois andares, com 22 janelas de fachada, sempre muito movimentado por familiares, amigos, colonos e pelos antigos escravos que, mesmo libertos, continuavam a frequentar a Sede. Possuía um engenho de cana. Lia sempre diz que foi criada na garapa. O avô, além da administração da fazenda, dedicava-se à agrimensura, à prática de advocacia (sem ser advogado) e era muito consultado para todas as questões pendentes naquelas regiões. Como todo fazendeiro, era, ao mesmo tempo, chefe político, chefe religioso, conselheiro geral de todos.

A avó, além da administração da casa da fazenda, no cotidiano e nas grandes festas, dirigia a orquestra de empregados e cozinheiros que matavam leitões, frangos etc., e confeccionavam as paneladas de doce de goiaba, cidra, limão, laranja, armazenados em latas de querosene. Dedicava-se de modo especial à medicina caseira, atendendo à pobreza desvalida de todos aqueles arredores. Mantinha uma pequena farmácia e uma hortinha especial onde cultivava marcela, poejo, losna, hortelã, boldo, bálsamo, erva cidreira, funcho, rosmaninho, manjericão, alecrim e outras ervas medicinais.

Pagava a um homem para trazer do campo outras plantas como salsaparrilha, poaia, japecanga, seno, algodãozinho, capariá, chapéu de couro, bardana e muitos outros remédios campestres, sobretudo os depurativos com os quais fazia xaropes e guardava em grandes vidros rotulados. Nas ocasiões das epidemias de sarampo, coqueluche ou mesmo gripes, ela ia de casa em casa distribuindo as suas *xaroupadas*, cujos efeitos eram maravilhosos. Era a mãezinha da pobreza daquela região. Avô e avó eram pessoas profundamente piedosas e cheias de Deus. Contam dele que até o burrinho maneirava a marcha, nas longas viagens que fazia, quando percebia que o dono começava a rezar o Ofício de Nossa Senhora!

Dela, se lembram ainda as crianças de então, puxando o terço nas procissões ao cruzeiro da fazenda e marcando os *Gloria Patri* batendo com sua bengala no *casalho* da estrada.

Um costume antigo, naquela fazenda, era a reza diária do Terço. Após o café da manhã soava uma grande campainha. Todos, família e empregados, se reuniam na "varanda de baixo" em torno da mesa onde eram servidas as refeições, para a reza do Terço e do Ofício de Nossa Senhora.

Foi neste clima que Lia viveu parte de sua infância.

Eu nasci com música

Eu nasci com música

Naquele tempo, a gente não ia ao comércio para votar. As urnas vinham para as fazendas, e a que mais se enchia de votos recebia uma homenagem do Prefeito.

Dois soldados vieram apanhar a urna na casa do vovô. Mais tarde, o Prefeito, muito contente, escreveu uma carta marcando o dia em que ia mandar uma orquestra na nossa fazenda, porque ela teve a urna mais cheinha de votos.

Vovó fez uma festa muito grande. Mamãe ajudou a assar leitão, frango, fazer biscoitos, doces e outras guloseimas.

A casa da fazenda tinha 2 andares, 22 janelas na frente, com uma longa escada que terminava num lindo alpendre todo florido. O curral se encheu de cavaleiros. Era aquela alegria. O maestro subiu as escadas dizendo: "Que cheiro de festa, está cheirando biscoito de polvilho..." Começavam logo a tocar. A mamãe estava cansada, ela falou para a vovó: "Eu vou para o meu quarto. Está dando sinal de que vou ganhar meu filhinho agora". E subiu.

Vovô acorreu e, quando viu mamãe daquele jeito, voltou para a sala e pediu aos músicos que parassem de tocar.

Por que será que ele mandou parar? Indagavam uns aos outros...

Depois de meia hora, vovô retornou à festa e disse: "Agora podem tocar, porque já tenho mais uma netinha na fazenda". Então o maestro, muito comovido, falou: "Vamos tocar o que temos de mais bonito para a recém-nascida. Parabéns para toda a família".

Mamãe me contou que tocavam "uma coisa tão linda, que se esqueceu das dores do parto e pensava já estar no céu".

Eu, ainda enrolada no lençol, não tinha vestido a primeira camisinha e uma orquestra já tocava música do céu para mim. Esta foi a primeira delicadeza da Mãezinha do Céu para aquela que seria, mais tarde, a "empregadinha de Nazaré". Isto se deu a 14 de abril de 1897, sábado de aleluia, às 9h da noite. Dias depois, o senhor vigário de Pitangui ia para o arraial do Cercado (hoje Velho da Taipa), errou o caminho e veio parar na fazenda do vovô. "Está chegando o reverendo aí [disse o vovô]." "Ah, que bom [respondeu vovó]. Vamos batizar a nossa netinha!"

No dia 28 de abril, 14 dias do meu nascimento, Nossa Senhora mandou o padre à fazenda para me batizar!

O elástico da sombrinha

O papai trouxe para mim uma sombrinha com um elástico. No Domingo seguinte nós fomos passear na fazenda da vovó. Eu levei a sombrinha para mostrar às meninas. Lá estava a minha prima Carmelita. "Olha, Carmelita, a sombrinha que o papai trouxe para mim." "Que gracinha [disse ela] tem elástico e o pezinho grosso."

Quando eu lhe mostrava, o João Batista, irmão dela, estava ali escutando a conversa. Passaram-se os dias e os pais da Carmelita compraram uma sombrinha para ela, igualzinha à minha, só que a dela veio sem o elástico. Estávamos brincando no terreiro da fazenda quando vejo o João Batista, caladinho, se destacar do grupo e subir as escadas do sobrado. Eu pensei assim: O João Batista foi lá tirar o elástico da minha sombrinha e pôr na da Carmelita...

Quando ele voltou eu pedi licença e subi. Dito e feito: o elástico da minha sombrinha estava na sombrinha da Carmelita. Passei-o novamente para a minha, corri no quarto de Orsino e escondi-a debaixo do colchão dele. Na hora da gente sair era engraçado ver o Batista de olhos arregalados fitando a sombrinha da Carmelita...

Noite de Natal na fazenda

Noite de Natal na fazenda

Quando era Natal, toda a família se reunia na casa da vovó. Fazia-se uma fogueira grande no terreiro. À meia-noite, quando o relógio grande badalava na sala, todos cantavam estes versinhos tradicionais;

>Meia-noite é dado,
>prazer santo respiremos
>em honra do Filho da Virgem
>alegres hinos cantemos.
>
>Nasceu nosso Redentor
>na cidade de Belém
>Numa simples gruta ou lapa
>de penhasco, Ele vem.
>
>Sofrendo o rigor do frio
>em vagidos naturais
>posto em pobre manjedoura
>bafejado de animais.
>
>Um Deus de imensa grandeza
>de poder e majestade
>reclina num presépio
>dando exemplo de humildade.
>
>Vinde acorrei mortais
>Vinde os joelhos dobrar
>Vinde rendidos de amor
>Vinde Jesus adorar.

No terreiro da casa grande

Minha avó tinha 42 netos, 8 filhos casados. O terreiro em frente da varanda, de casa grande da fazenda, era o pátio preferido dos brinquedos. A criançada ficava ali me esperando. Agora mesmo ela vem... Ela já *envem* lá na pedreira... Eu liderava os folguedos. Para começar, formava a roda, todos de mãozinhas postas e cantávamos a Ave-Maria. Depois iniciávamos a roda das flores:

> Roda das flores
> tem flor de toda cor
> tem perpétua e tem saudade
> tem açucena e lindas flores.
> Eu não te deixo
> e não te deixarei.
> O amor que eu penso tanto
> só com Ele abraçarei.

E abraçava a menina, levando-a para o meio da roda.

Mamãe, lá de longe, assentada em tamboretes no meio das comadres, ficava me observando e depois me dizia: "É, Maria, você, de todas as meninas é a mais assanhada; você canta, você recita, você dança, você faz tudo..." E hoje [1977], com 80 anos, eu continuo a velhinha mais assanhada...

No terreiro da casa grande

Minha primeira confissão

Eu tinha 3 ou 4 anos. Era véspera do casamento do tio José. Mamãe me levou para a Igreja, em Nova Serrana, onde ia se realizar o casamento. Eu estava pertinho dela. Olhei para o lado e era aquela fila de mulheres confessando. Quando uma saiu do confessionário, eu desgarrei da mamãe sem ela ver, e corri para o padre. "Que, que você quer, filhinha? [perguntou ele]." "Confessar", respondi. "Mas você já tem pecado?" "Já, tenho dois." Nisto, ele me pegou e me assentou no colo dele. Eu aproveitei a oportunidade para balançar as perninhas a fim de que ele visse o meu sapatinho novo. Eu tinha também duas tranças de cabelo. O padre, brincando com minhas tranças, perguntou: "Mas, quais são estes seus dois pecadinhos?" "Meu primeiro pecado [respondi] é porque eu tiro a nata do leite do vovô." "Você acha que isto é pecado?" "Sim, a vovó disse para não fazer, porque isso até é pecado!" "É, filhinha, você não vai mais tirar a nata do leite do vovô não, não é? Coitado; ele fica tomando aquele leite aguado, sem gosto... Bom, e qual é o outro pecadinho?" Eu aproveitava a conversa e não cansava de mostrar o meu sapatinho. "O outro pecado é que eu tenho um gatinho e gosto muito de ver a língua dele; então eu aperto assim o pescocinho dele [e apertava a mão do padre] para ele mostrar a língua." "Mas assim [disse o padre], ele morre..." "Não; ele não morre não. Depois eu passo a mão nele, assim, e ele fica bom de novo."

Minha primeira confissão

Eu tinha um lencinho com o qual cobri a cabeça para a confissão. Peguei nele. Estava escrito assim, ao redor das bordas:

> Aceita esse pouco com alegria
> se muito tivesse, muito te daria.

Ia passando o dedo, como se estivesse lendo, e repetindo estas palavras. Só que eu passava o dedo errado. O padre falou: "Não, filhinha, é aqui que começa, nesta bolinha aqui". E mostrou o lugar. Eu marquei bem a bolinha, porque queria mostrar para os outros. Lá fora, aquela fila de mulheres continuava esperando, enquanto nós dávamos aquela prosa.

No outro dia, na missa, quando a mamãe foi para a mesa da Comunhão, eu fui e entrei na fila das mulheres.

A mamãe me viu e falou: "Não, filhinha, você ainda não se confessou". "Já, mamãe, ontem eu me confessei com o padre."

O padre chegou perto de mim e me deu a comunhão, rindo...

Como aprendi as primeiras letras

Quando eu tinha sete anos, um senhor chegou lá em casa para comprar um quinto de *restilo* do papai.

Olhou para mim e falou com o papai: "Estou com muita sede". "Maria [disse papai], traz um copo d'água para o Sr. Romualdo Silveira."

Quando voltei com o copo d'água, ele perguntou ao papai: "Quantos anos esta menina tem?" "7 anos", respondeu papai. "Ela já aprendeu a ler?" "Não, aqui não tem escola. Está esperando a madrinha ir com ela para o povoado, onde há escola." "E se essa madrinha dela não se casar, essa menina vai ficar sem aprender a ler?" "Não, Sr. João Martins, vou fundar uma escola na minha fazenda para todas as crianças dessas redondezas; pode ficar tranquilo que sua menina vai estudar."

Dito e feito: mandou retocar uma casinha de colono que estava desocupada, pôs uns tamboretes e convidou um professor aposentado que morava em Abaeté, chamado Domiciano Garcia, para vir lecionar.

Era este um homem idoso, dono de um bigodão e de uns olhos muito vermelhos. Quando o vi, tive medo.

Entramos para a escola 22 meninos.

Papai comprou um bauzinho para mim, pôs dentro caderno, tinta lápis... Quando cheguei na escola o professor falou: "Como você se chama?" "Maria Martins Faria", respondi. "Trouxe o caderno?" "Está aqui dentro do bauzinho." "Então me dê." Abriu, escreveu o ABC e falou: "Agora você cobre debujo".

Eu enchi a pena de tinta e cobri debujo. Depois pensei cá comigo: "Por que cobrir debujo o ABC do professor se eu posso cá embaixo fazer um outro, igualzinho ao dele?" Olhando para o dele, fiz um outro direitinho.

No dia seguinte, quando cheguei na escola, ele me disse: "Maria Martins, quem escreveu este ABC?" "Fui eu, seu Domiciano." "Deixa de mentira, menina [disse ele]. Menina mentirosa é muito feio. Quem escreveu foi o seu pai ou a sua mãe..." "Não senhor, fui eu mesma", respondi. "Então venha cá, escrever perto de mim, para eu acreditar que foi você mesma."

Eu fui para perto dele, com as perninhas bambas de medo daqueles bigodes e olhos vermelhos e recomecei a escrever o ABC igualzinho ao dele. Ele ficou tão admirado que arrancou a folha do caderno, pôs na algibeirinha do paletó e foi para a Estação da Oeste mostrar ao agente, ao Sr. Romualdo Silveira, comerciante, e a todo mundo e dizia: "Olha, esta menina entrou para a escola ontem e já escreveu o ABC".

Quando fez oito dias que entrei na escola, peguei o jornal Minas Gerais e fui na oficina ler para o papai as notícias do jornal. Papai ficou boquiaberto, me deu um abraço e disse: "Menina! Você já lê notícias do *Minas Gerais*!"

Tudo o que me ensinavam, era uma vez só, porque a delicadeza da Mãezinha Santíssima estava comigo.

Como aprendi as primeiras letras

Ao entrar na escola eu me sentei perto de um menino chamado Manoel. Um dia o Professor Domiciano Garcia perguntou: "Manoel, um S com um A, o que é?" "É AS", respondeu o Manoel. "E pondo um L, que é?" "Não sei não, senhor." "Sr. Manoel, o que *é* que se põe no cocho para o gado comer?" "É capim." Foi aquela festa na sala, uma gargalhada geral.

Num caso desse, a palmatória corria.

Era uma tabuinha redonda com 6 furos e um cabo. Aquele que não respondia direito estendia a mão para receber os bolos dados por aqueles que acertavam na resposta. Eu é quem mais dava palmatória, mas batia de levinho para não doer.

A primeira Ave-Maria

Conceição estava lá em cima no pé de goiaba branca. Eu cheguei debaixo e falei assim: "Conceição, você sabe rezar a Ave-Maria todinha?" "Sei, sim, Lia." "Então você me ensina porque eu não sei naquela hora que fala assim 'entre as mulheres...'"

Aí eu subi no pé de goiaba e a Conceição foi falando e eu repetindo. Quando aprendi tudo, eu desci depressa e fui correndo para a oficina do papai: "Papai do céu, você não sabe de uma coisa! Eu já sei rezar a Ave-Maria!" Ele escutou tudo e disse: "É, Lia, você já sabe rezar a Ave-Maria!"

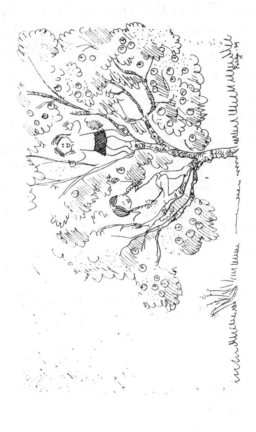

Minha primeira Ave-Maria

A dispensa do jejum

Naquele tempo não se podia comer carne na sexta-feira.

Eu já tinha 7 anos. Estávamos na fazenda. Era véspera de um casamento. O padre lá estava e todo o povo em volta, na sala de jantar. Quando o vi, passei pelo povo, fui por baixo da mesa e cheguei assim pertinho dele e disse: "O senhor me dá licença de comer carne na sexta-feira?" É que eu gostava muito de comer torresmo com mandioca e a mamãe não deixava porque dizia que eu já tinha 7 anos. "Você ainda não pediu licença?" "Não, senhor." Então ele falou para o povo: "Quem aí ainda não pediu licença para comer carne na sexta-feira levanta a mão". Muitos levantaram e o padre então deu a licença.

No dia seguinte, na capela, o padre tornou a repetir a mesma pergunta e a mesma autorização. Todo mundo pôde comer carne naquela sexta-feira.

Dispensa do jejum

Sá Rita e o Jacozinho

Eu estava com mamãe na porta lá de casa.

Lá vinha Sá Rita com seu Jacozinho. Seu Jacozinho vinha na frente e Sá Rita, atrás. Eu disse pra mamãe: "Coitadinha da Sá Rita! Ela tem que acompanhar seu Jacozinho até ele ficar de cabelo branco!..."

Num outro dia nós estávamos lá e lá vinham os dois, mas Sá Rita na frente de seu Jacozinho. Eu disse pra mamãe: "Tenho pena de Sá Rita! Ela tem que ir na frente de Seu Jacozinho até ele ficar de cabelo branco..." Mamãe falou: "Que isso, menina, ela pode ir de par com seu Jacozinho!" "Dá na mesma, mamãe. Coitadinha de Sá Rita, ela tem que ir de par com seu Jacozinho até ele ficar de cabelo branco... E depois, como ir de par na roça se só há trilhos para caminhar?"

Sempre que a mamãe me levava para assistir casamento de parentes, eu ficava assim com pena dos dois. Coitadinhos!...

Sá Rita e o Jacozinho

A conversa na sala

Eu estava lavando roupa e escutei uma pessoa muito animada na sala. A voz da mamãe eu conhecia, mas a do senhor, eu não sabia de quem era.

Depois que estendi os lençóis, corri lá. Quando cheguei na porta da cozinha, a voz do senhor cessou. "Quem é, mamãe, que estava aqui conversando com a senhora?" "Ninguém, Lia, eu estava sozinha." "Pois eu ouvi uma fala com uma pronúncia tão bonita! Até pensei que era um doutor." "Eu estava conversando é com o Coração de Jesus, pedindo a Ele que nos levasse para um comércio onde a gente pudesse ter uma vida religiosa mais perfeita." "Pois Ele respondeu tudo alto, mamãe; pois eu ouvi; a voz mais bonita do mundo!"

Conversa na sala

Ciúme da sandalinha bordada

Era o casamento do Tio José. Ajuntou um povão na casa da vovó. Apareceu lá uma menina de uns 8 anos, da minha idade, calçando uma sandalinha nova, toda bordada, muito bonita.

Eu fiquei com muita inveja por causa das sandalinhas da menina.

Todos juntos decidiram: Vamos passear na casa da D. Vinha? E partiram. Tinha que atravessar uma pinguela por sobre um córrego bem largo que tocava monjolo, moinho de pedra. Ali se pisava o café, o arroz e se fazia fubá. Quando chegamos na pinguela, eu dei um empurrão na menina, ela caiu na água e eu vi a sandalinha dela rolando rego abaixo. Foi aquele alvoroço. A vovó falou: "Isso é arte da Maria; ela é uma menina muito ardilosa".

Tiraram a menina da água; vestiram nela os meus vestidinhos, recuperaram a sandalinha. A mamãe estava com muita vontade de me bater, mas escapei desta porque tinha muita gente.

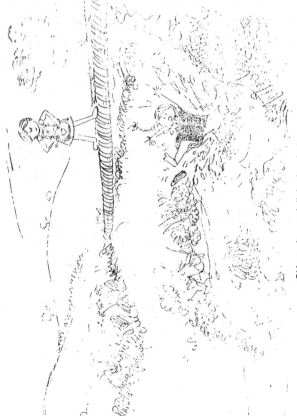

Ciúme da sandalinha bordada

Fofocando...

Mamãe foi num casamento e me levou consigo. Eu tinha uns cinco anos. Era aquele povão no terreiro. Eu fui para os lados da cozinha, e lá dei com a cozinheira coando café num coador enorme. Fiquei admirada e falei: "Sá Maria, eu nunca vi um coador tão grande!" Ao que ela retrucou: "Isso é a perna da ceroula do Sr. João Tibúrcio!"

Fiquei tão impressionada com aquilo, que onde eu achava uma roda de gente conversando, saía publicando: "Sá Maria tá fazendo café no coador da perna da ceroula do Sr. João Tibúrcio". E todos que me ouviam davam aquela risada e me diziam: "Que é isso, menina?" E eu repetia: "Sá Maria tá fazendo café na perna da ceroula do Sr. João Tibúrcio!"

Publiquei isso na festa inteira.

Quando puseram o cafeteiro em cima da mesa, o povo comia os biscoitos e deixava o café nas cafeteiras...

Fofocando

O desmaio na bica d'água

Chegou na Fazenda uma mulher pretinha, boa que só vendo: a Marcelina, que foi escrava da vovó. Eu fiquei encantada e olhando os seus dentes clarinhos, cheguei perto e perguntei: "Marcelina, por que o seu dente é clarinho?" "Porque ariei eles com fumo".

Ah, pensei, é por causa do fumo... Eu devia ter, naquele tempo, 4 ou 5 anos. Ainda estava na primeira dentição. Fui na algibeira do paletó do velho Cornélio, encontrei uma tora de fumo de rolo de 3 perninhas, tirei uma perninha e corri para a bica d'água. Molhava o fumo na água e esfregava nos dentes com toda a força. Fui ficando tonta, tonta, foi me dando enjoo, vomitei todo o almoço e desmaiei ali mesmo na bica d'água. A mamãe sentiu falta de mim e foi me procurar. Quando me viu desmaiada lá, me acordou e disse: "Que que é isso, menina? Por que você desmaiou aqui?" Aí, eu contei todo o caso. "Que menina sem juízo, gente", ela falou.

Eu tomei tanto horror do cheiro do fumo, que até hoje eu fujo de perto dos fumantes.

Desmaio na bica d'água

Trem e tomates

Eu fui passear na linha do trem e vi um tomateiro carregadinho de tomates num mata-burro pertinho da casa do vovô. Pensei: como já é tarde, amanhã cedo eu venho aqui e apanho os tomates.

No dia seguinte, depois do café, peguei uma cesta, passei lá no engenho e disse para o papai: "Vou lá no mata-burro buscar tomate". Corri para a linha e pulei dentro do mata-burro. Quando eu estava lá, ouvi o barulho da máquina. Levantei a cabecinha e vi o trem que vinha a toda. O maquinista viu a minha cabecinha e apitou. *Pi... ri... pi... ri...* Eu me agachei e deixei o trem passar. Era *pa.ra.ra e pa.ra.ra e pa.ra.ra*, jogando água fervendo para todo lado.

Papai, lá do engenho, ouviu o trem apitar e se lembrou: "Maria falou que ia ao mata-burro buscar tomates [pensou e correu]. Nossa Senhora, que terá acontecido?" Ainda me encontrou agachada e disse: "Menina sem juízo! 9h é hora de máquina passar..."

Apanhei o resto dos tomates e fui com ele para casa.

Trem e Tomates

A melancia

Josué (o Zoé) e eu íamos para a escola pela estrada de carro da Fazenda, descendo para margearmos a linha de trem de ferro da Oeste de Minas. Eu disse ao Zoé: "Vamos rezar a Ave-Maria para a Mãezinha do Céu abrir a nossa inteligência para a lição de hoje". Rezamos a Ave-Maria e, chegando na linha, o trem apitou: *pi-i-i-i-i-i!* Ficamos de um lado esperando ele passar. Nisso, vimos o guarda-freio, lá em cima, acenando para nós com uma melancia na mão, que ele jogava para cima várias vezes, fazendo figa.

A máquina deu um baque, a melancia caiu na estrada, partiu em duas. O Zoé pegou uma banda, e eu, a outra. Mostramos para o Guarda-freio o nosso troféu. Ele, desolado, limitava-se a fazer, com a mão, o "chicotinho" para nós.

Eu disse logo ao Zoé: "Viu como a Mãezinha do Céu é delicada? Ela respondeu a nossa Ave-Maria com a merenda. Você ganhou uma metade da melancia e eu a outra".

A melancia

O papudo

Bateram na porta. Mamãe foi abrir. Era um pobre pedindo esmola: "Se a senhora pudesse me dar um pouquinho de arroz, eu ficaria tão feliz! Lá em casa não tem baguinho algum".

Ele tinha um papo grande. Mamãe entrou, e voltou com um litro de arroz e um pedaço de toucinho em cima, e demorou proseando com ele, na porta. Estava chuviscando. Eu era uma menina muito levada. Fui chegando de mansinho, assim, por trás da mamãe, e fiquei observando o homem. Depois entrei para dentro e fiquei ali cantarolando:

> Chuva, chuveu
> a goteira pingou;
> pergunta o papudo
> se o papo molhou.

Quando ele saiu, mamãe me chamou, tirou a chinela, pôs minha cabeça entre seus joelhos, levantou meu vestidinho e... chi lá. Deu várias vezes, cada vez cantarolando um verso da quadrinha acima; e depois acrescentou: "Isto é para você aprender, de uma vez, Lia. Este homem velho é um pobre, e pobre representa Jesus Cristo!"

Eu era uma coisa medonha. Tanto tinha de ativa, inteligente para aprender, quanto de sem juízo, levada, argilosa. Mas uma lição como essa, bastava uma só vez...

Esperando uma visão

Eu tinha 11 anos. Havia no quintal da casa um pé de mangueira grande, ali uma laranjeira e, mais adiante, passava uma estrada. Fui rezar meu terço de joelho debaixo da mangueira. Estava lá assim rezando e olhando para cima, quando passa na estrada uma mulher, a Mariinha, com um saco de milho na cabeça, que levava pro meu pai passar no moinho, me vê e diz: "Que que você está fazendo *aí*, Maria?" "Estou aqui rezando o terço, porque mamãe me contou que Nossa Senhora apareceu à Bernadete quando ela tinha 11 anos; eu estou agora com 11 anos e tenho muita vontade de ver Nossa Senhora também." "Vai esperando, menina", e saiu rindo de mim. "Não fala assim não, Mariinha, que eu tenho muita vontade de ver a Mãezinha do Céu."

Esperando uma visão

Com bonecas até os 14 anos

Fiz a Primeira Comunhão aos quatro anos. Logo que recebi a Comunhão, ajoelhei-me debaixo do púlpito e rezei assim: "Jesus, fala com a mamãe para me deixar brincar com as bonecas. Senão ela fica dando ordens: 'Maria, vem olhar as crianças'. 'Maria, vai buscar isso, vai varrer aquilo...'" "Filhinho do céu! As meninas vizinhas descobriram que eu sabia fazer vestidinhos de bonecas, então juntava aquela bonecada lá em casa para eu fazer roupinhas, celebrar batizados. A mamãe fazia arroz-doce e era aquela festa."

Quando eu tinha 14 anos, numa noite em que eu estava tão entretida fazendo vestidinhos que até perdi a hora, papai gritou lá do seu quarto: "Tá doente, Maria? Já são 2h da madrugada; por que esta luz acesa aí?" "Não, pai, estou fazendo roupa de boneca." "Apague este lampião. Você já tem 14 anos. Não vai mais brincar de boneca, não."

Eu percebi que brincava de bonecas até os 14 anos porque o papai falou.

Cortando e bordando

Um dia o Professor Domiciano Garcia falou comigo: "Maria Martins, vai lá fora dar sua lição à Constância".

Constância era sua filha mais velha. A Constância estava tomando a fresca fazendo crochê. Eu fiquei muito interessada e perguntei: "Qual o número desta linha que está trabalhando?" "É n. 50", respondeu. "Pra fazer crochê só pode ser com o n. 50?" "Não, pode ser com outro; 30, por exemplo." "Que ponto é esse?" "É o meio-ponto."

Vendo o meu interesse, ela passou a fazer para eu ver os diversos pontos. Enrolava a linha na agulha, uma, duas, três e até quatro vezes para eu aprender, e depois acrescentou: "Como esse aqui é um trabalho mais fino, estou fazendo só meio ponto!"

Assentei-me ali ao seu lado e aprendi a fazer este crochê que faço até hoje.

Aqui no carmelo já fiz 15 colchas de crochê.

Madrinha Conceição um dia me chamou para ensinar a costurar. Cortou um vestido para eu ver.

Eu disse para ela: "Madrinha, eu acho tudo isso muito fácil. O que eu acho difícil é fazer uma saia de godê". Então ela me ensinou também a cortar a saia de godê.

Cortando e bordando

Um sonho

Era dia 1º de maio de 1929, às 2h da madrugada. Eu sonhei que cheguei na porta da cozinha, olhei o céu estrelado e falei: "Mãezinha do Céu, Vós sois a porta do céu! Chega aí na porta que eu tenho uma vontade muito grande de te conhecer". Nisto vi uma risca no céu, na largura de uns 3cm. "Mãezinha, vai abrir?" Os 3cm foram se alargando assim do tamanho de uma porta de cinema. "Mãezinha do Céu, vem depressa!" Falei.

Ela foi chegando, fez um sorriso, a coisa mais linda. Era um "ar de riso", e ela movia os dedos espalhando graças para o mundo todo. Interessante! Toda a luz do mundo é vermelha, mas das mãos de Nossa Senhora resplandecia uma luz de cristal que não fazia sombra alguma no mundo. Tudo ficava claro! Tirei um minutinho para olhar o mundo. Tudo clarinho até debaixo do pé de laranja.

Eu dizia: "Ó Maria, concebida sem o pecado original, rogai por nós!"

Ela fazia um ar de sorriso e sacudiu a cabeça para dizer que era mesmo, e lançava sobre mim as graças que vinham como que das pontas dos meus dedos. Eu fiquei no clarão de joelhos. Ela enviava graças para o mundo inteiro. E devagarinho entrou para o céu adentro.

Eu, então, comecei a gritar: "Vem, Mãezinha do Céu, estou com muita saudade, volta!"

Ela então voltou, trazendo ao colo o Menino Jesus, que carregava um embrulho do tamanho de uma rapadura. Ele brincava, fazendo que ia jogar para mim o embrulho, mas encolhia o bracinho. Por três vezes ele repetiu este gesto, encolhendo o braço. Aí a Mãezinha do Céu interveio dizendo: "Joga, joga!"

O embrulho caiu! Sentei-me na cama e comecei a chorar alto. "Que é isso, Maria?" [perguntou mamãe]. "Por que você está chorando?" "É que o Menino Jesus jogou uma caixinha para mim e eu não sei onde caiu. Estou caçando o presente de Jesus..."

Quando acordei, lá estava minha mãe, Chiquinho, Lisa, todos em volta da cama: "É sonho... é sonho".

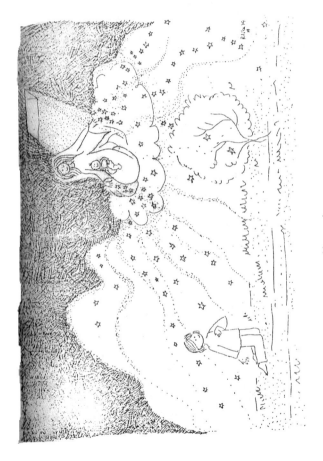

Um sonho

Meus pais

Papai falou comigo: "Maria, se eu morrer deitado com a cabeça no seu colo, não sinto a morte!"

Papai era muito delicado e estas palavras mostravam a confiança e a amizade que tinha por mim. Ele não cuidava muito da sua aparência. Eu cuidava dele: cortava os cabelos, as unhas, fazia-lhe a barba, engraxava-lhe os sapatos, passava os ternos. Quando ele se vestia, me perguntava: "Maria, está bonito?"

Um dia, quando lhe cortava o cabelo, por descuido, dei-lhe um pique na orelha. Ele falou: "Maria, só o cabelo!"

Quando ele começou a passar mal para morrer, o Chiquinho foi chamar o Monsenhor Artur de Oliveira. Papai confessou-se, recebeu a unção, a eucaristia e morreu nos braços do padre. "Por esse, disse o monsenhor, você não precisa chorar, porque está morrendo um justo".

Eu fui a enfermeira da mamãe no fim de seus anos. Ela sofria muito, paralítica e com doença crônica. Mas sofria com uma paciência de santa. Para poder ajudá-la sem jamais perder a paciência e a caridade, eu a fiz de Mãezinha do Céu. Assim, quando ela me chamava, era Mãezinha do Céu que chamava. Muitas vezes eu a encontrava rezando e meditando a Paixão de Jesus. Guardei estes versos que decorei:

> Frio suor, a vista errante,
> convulso o coração em sede ardendo
> gotas de sangue correndo
> pelo seu divino e pálido semblante,
> espinho na cabeça agonizante
> cravos nas mãos e nos pés,
> que suplício horrendo,
> terno Pai, que espetáculo tremendo,
> quem pode resistir ó meu doce encanto!

Mamãe morreu com 4 padres na cabeceira. Padre Henrique, que a assistiu, assim se expressou: "Esta não teve purgatório. Santificou-se na cama".

Eu sempre falo que tenho uma vida boa demais, por ter sido abençoada por meus pais.

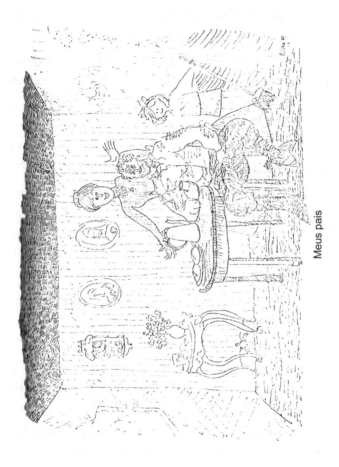

Meus pais

O passeio com a vovó

Passeando com a vovó até a uma fazenda, demos na casa de uma mulher e, estando com sede a meninada, batemos para pedir água para beber. As crianças já estavam almoçando. A vovó ofereceu alguns doces para elas. A dona da casa ofereceu: "Ocês também num qué almoçá? Só tem arroz, feijão e jiló. É só num arrepará".

Algumas meninas do grupo aceitaram porque estavam com muita fome. A dona, então, falou assim: "Tire quem quisé, mas deixa um mucadinho pro Izé".

A meninada achou muita graça e recebeu esta ordem como uma festa.

O tiro no catre de jacarandá

Vovô dormiu lá em casa. Ele se levantou cedo e foi à bica lavar o rosto. Aproveitei para ir a seu quarto estender a cama. Quando levantei o travesseiro, encontrei um revólver de dois canos. Curiosa, peguei a arma, pus o dedo no gatilho, apontei no pé do catre, pertinho de mim, e, *pú-ú-ú*. A bala saiu, rachou o pé do catre e achatou. Vovô, lá da bica, ouviu o tiro e veio correndo: "Nossa Senhora do Carmo! O que é isso, Maria?

Ele ainda estava com a cara toda ensaboada. "Eu vi isso aqui e fui experimentar se eu sei dar tiro." "Há dez anos que esta bala está aí dentro. Eu viajo por toda a parte e não precisei usá-la, e você faz isso agora! Que menina *artilosa*..."

Vovô achou um milagre, devido à curta distância, a bala não ter voltado: "Era pra bala voltar e te furar".

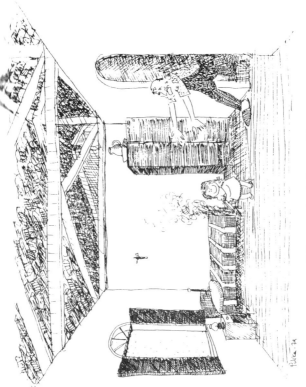

O tiro no catre de jacarandá

A onça da mina

O Sr. Ozório Faria foi lá em casa prevenir o pai: "Não deixa as meninas Lia e Rosa irem à mina d'água, não. Tem onça muito brava aí. Essa noite ela pegou e estraçalhou um *poldrinho* da mulatinha".

Era uma mata grande, perto de casa. O pai, aproveitando uma nascente d'água, fez um tanque para nós. Água muito limpa, azulada. Não precisava usar anil para lavar a roupa.

No sábado, a mamãe mandou apanhar vassoura no mato, para fazer quitanda. Lisa tinha 4 anos. Segurei nos dedinhos dela e seguimos por uma estrada larga de carro até um pasto grande. Lá havia um cercado de arame e dentro muita vassoura de alecrim. Eu falei para Lisa: "Eu vou atravessar a cerca, mas você me espera aqui". Ela ficou.

Nós tínhamos dois cachorros grandes em casa. Quando eu já estava agachada, apanhando a vassoura, ouvi um barulho de animal saltando no meio do capim, e pensei que já era a onça. Lisa gritou de lá: "Olha a onça pintada!"

Ajoelhei-me com a cabeça no chão e pus-me a rezar o ato de contrição, pensando que tinha chegado a minha hora, que a onça ia me pegar e beber o meu sangue. Nisso ouvi uns latidos.

Eram os cães...

Os discos voadores

Eu estava cosendo na janela da varanda lá de casa. Nisto eu ouvi um barulho estranho no céu. Corri para ver e lá estavam 8 objetos de forma quadrada voando em formação. Falei com o papai; ele me disse: "Isto é o disco voador, Maria!"

A bola de fogo do céu

Eram umas 7h da noite. O sol já havia entrado. Estava bem escuro. Eu saí de casa com o Josué, para irmos à casa da tia. Eu tinha meus 10 anos. Quando já estávamos na estrada, apareceu no céu uma coisa luminosa, como bola de fogo, mais clara do que a lua, uma tocha enorme de uma clareza que clareou tudo. Fiquei como cega e caí no chão, tanta era a luz. O Zoé, depois de certo tempo, falou: "Lia, ocê tá deitada no chão. Está sentindo alguma coisa?" "Sim, Zoé, eu fiquei cega com a luz. E você?" "Eu também."

Quando chegamos em casa, eu perguntei à mamãe: "Mamãe, a senhora não viu a tocha de fogo que passou no céu?" "Não, Lia, a casa está toda fechada." "É a coisa mais bonita que eu já vi. Era mais luminosa que o sol."

O apito da máquina

Papai me chamou: "Maria, vai vestir um vestido bonitinho que nós vamos à linha para esperar a máquina passar, levando um vidro de melado para o maquinista Antônio Carregai".

Papai era muito amigo deste maquinista. Quando a máquina apitou lá na reta, papai levantou e acenou com o garrafão. O maquinista foi diminuindo a marcha e parou. Papai lhe entregou o melado, ele ficou muito feliz. Eu perguntei para ele: "Onde é que o senhor apita o trem para espantar as vacas da vovó?"

Ele me pegou no colo, me assentou no lugar dele, no tender, me mandou apertar um grande botão amarelo. Eu, com meu dedinho pequeno, apertei, mas, nada. Ele me ajudou com o dedo e fez o apito como se estivesse tocando as vacas da vovó. "Que coisa bonita... Então é aqui?" "É", respondeu ele.

Fiquei maravilhada! Ele me entregou ao papai, despediu-se e seguiu viagem. E nós voltamos para casa.

Estalos e raios

Um dia eu estava na janela da cozinha jantando arroz com feijão, quiabo e linguiça, quando, de repente, caiu um raio no pasto bem em frente e sapecou todo o capim.

Eu levei aquele susto, caí no chão da cozinha, enquanto o prato de comida foi parar no terreiro. Passei a ter horror de raio e do seu estalo.

Isto me fez lembrar outros episódios.

Quando eu era criança ainda, Zoé e eu íamos por uma estrada passear na casa de minha tia. De repente deu um clarão tão grande que me cegou, eu e o Zoé caímos no chão. Eu falei: "Zoé, não estou enxergando nada; não estou vendo você, não". "Foi o clarão", disse ele. Com o tempo, a visão foi voltando.

Minha tia tinha um filho que a gente chamava de João Gota.

João Gota estava fazendo uma horta em sua casa. Era domingo e ele falou para a mãe: "Vou cortar bambu para cercar a horta". A mãe respondeu: "Não, meu filho. Hoje é domingo; você descansa; amanhã você corta bambu". Ele respondeu: "Eu vou hoje, porque já adianto; amanhã é só fazer a cerca, pois o bambu já está cortado". E foi.

Quando ele estava lá, caiu um raio e derreteu o facão. João Gota não morreu, mas caiu no chão, desmaiado.

Estalos e raios

O coral de papagaios

Eu morava, naquele tempo, em Velho da Taipa, hoje Martinho de Campos. Tinha os meus 15 anos.

Passou sobre nossa casa e depois pousou numa árvore perto, um bando de papagaios cantando: "Ave, Ave, Ave Maria..." Ouvi aquilo maravilhada e contei para o papai. Papai foi a Dores e lá contou para o Padre Luiz Gonzaga, homem de 72 anos. Vigário da matriz. O padre lhe disse: "Foi aqui em casa que eles aprenderam isso. Eu tinha dois papagaios. Ensinei-lhes a cantar a Ave-Maria. Viajei para Belo Horizonte e demorei lá muitos dias, então eles fugiram para o mato e se reuniram ao bando. Lá, certamente, eles repetiam a lição e ensinaram aos outros..."

O beija-flor e a coroa de rosas

Eu estava fazendo uma coroa de flores para a coroação de Nossa Senhora. O quarto estava cheio de visitas.

De repente um beija-flor entrou pela janela e se pôs a beijar as flores da coroa ainda na minha mão.

O beija-flor e a coroa de rosas

"Que é isso, Lia [disseram-me]. Nossa Senhora já mandou o beija-flor trazer o sinal da bênção da coroa na sua mão!"

O chá e o veneno

Um vizinho nosso, o Crispim Gomes, morreu de tifo. O Josué foi ajudar a vesti-lo. Antes, porém, foi à farmácia e o farmacêutico, Jacinto Fiuza, deu-lhe uns comprimidos amarelinhos para que ele desinfetasse as mãos depois do serviço, mas, com muito cuidado, dizendo: "Estes comprimidos são muito venenosos. Dão para matar 100 homens. Se alguém os tomar, ao descer vai levando a língua, o estômago, tudo de vez. É morte instantânea".

O Zoé trouxe com muito cuidado e escondeu-os no cantinho da gaveta da cômoda da varanda. Eu estava gripada e naquele mesmo dia fui à farmácia e trouxe uns comprimidos para a gripe. Coloquei-os também na gaveta. À noite fiz o chá de laranja, quente. Fui à gaveta, peguei o comprimido e vim para a cozinha onde estava a Lisa. Lisa me perguntou: "Lia, de onde você tirou esse comprimido amarelinho?" "Da gaveta." "Pois o Zoé guardou na gaveta os comprimidos venenosos, e eles eram amarelinhos."

Não fosse o Zoé ter falado para a Lisa, eu teria morrido envenenada naquela hora.

O beija-flor, a borboleta e as abelhas

Era o dia 29 de maio.

Eu estava distribuindo os cartões de convite para o meu dia de adoração, que seria no dia 30. Quando cheguei numa ponte fiquei contemplando: lá estava uma árvore de flor monjolo branco, e lá embaixo uma lagoa, com folhagens e flores aquáticas.

Que beleza dessa árvore cheinha de flores! Um beija-flor veio beijar as flores. Eu, então, falei pra ele: "Ó beija-flor. Estou repartindo os cartões de convite para a adoração do Santíssimo do dia trinta. Vai lá também beijar as flores do altar no meu dia".

Convidei também as lindas borboletas azuis que esvoaçavam sobre as plantinhas aquáticas: "Ó, borboletas, vocês todas aí neste lago, vão amanhã adorar o Santíssimo Sacramento. É o meu dia".

Vi ainda umas abelhinhas trabalhando. Para elas falei: "Vocês certamente não vão poder ir porque estão ocupadas em fazer a cera para as velas..."

No outro dia às 9h eu disse à mamãe: "Mamãe, vou correr até na Igreja para ver como está o movimento. Se o Santíssimo estiver sozinho, eu fico; se tiver gente adorando eu volto agora mesmo. Não fique preocupada".

"Pode ir, Maria."

Cheguei na Igreja e ajoelhei-me atrás. Lá estava a Maria da Tica, lavadeira. Nesse instante, entrou pela porta da sacristia um lindo beija-flor, beijou todas as flores do altar, as que enfeitavam o Sacrário, e voltou pelo mesmo caminho.

Passou um pedaço, veio uma grande borboleta azul, batendo as asas naquela mansidão. Entrou pela porta principal.

As lágrimas me vieram aos olhos. A gente convida os homens, eles arranjam mil desculpas para não vir, conforme Jesus contou naquela parábola do banquete. Convida os bichinhos e eles vêm todos. As abelhinhas não vieram, mas fabricavam a cera que vai alumiar o Santíssimo no Altar.

Fiquei numa alegria medonha e contei o que aconteceu à minha mãe. Lá estava a Romualda de Faria, minha parenta. Ela falou assim: "Isso é bonito até para publicar numa revista".

Com efeito, passou por Dores o representante da Ave-Maria, o Sr. José Domingos. Contei o caso para ele e o publicou no número seguinte da revista.

O beija-flor, a borboleta e as abelhas

A empregadinha de Nossa Senhora

Monsenhor Mário convocou todas as moças da cidade para ingressarem na Pia União das Filhas de Maria. 72 moças se apresentaram. Muitas, porém, desanimaram à medida que iam conhecendo os regulamentos. Não era permitido: namoro, baile, cinema etc. Ficaram 32. A recepção das fitas foi marcada para o dia 11 de fevereiro de 1930. Todas compareceram.

Quando Monsenhor Mário estava entregando as fitas havia 19 moças ajoelhadas na mesa da comunhão. Eu era a última, debaixo da lâmpada do Santíssimo. "Recebei, ó filha..." dizia ele. Eu lá no meu canto conversava ainda com a Mãezinha do Céu: "Aqui estão 32 moças todas formadas, normalistas. Eu sou analfabeta. Elas podem, na associação, ocupar postos importantes. Eu não sirvo para nada disso. Mas uma coisa posso fazer: sei cozinhar, varrer, lavar roupas; portanto, me ofereço para ser a empregadinha da Casa de Nazaré. De hoje em diante vou me ocupar em cozinhar para a Senhora, São José, o Menino Jesus, varrer a casinha, lavar as roupas e tudo o que quiser. Não tira os olhos de mim. Olha-me com aquele olhar demorado, olhar de amor".

Desde esta hora ela tomou conta de mim de um modo especial. Nunca mais comprei um vestido. Sempre ganhava até sapato bonito. Tudo minha patroa arrumava para mim, até saúde. Morava com o Médico da casa: Jesus!

Desde esta hora eu fui a criatura mais feliz do mundo. Eu sinto aqui dentro uma *gustusura* como uma criança que ganha o presente mais bonito. Tranquilidade, paz, alegria, que eu não sei de onde vem...

Vem da casinha de Nazaré.

A empregadinha de Nossa Senhora

O diamante do Funchal

A Estrada de Ferro Oeste de Minas construiu um túnel para atravessar o Morro da Saudade. O diretor, Dr. Joaquim Ribeiro de Oliveira, homem muito religioso, quis inaugurar a linha com uma missa na boca do túnel.

Convidou o vigário para celebrá-la e toda a população de Dores e redondezas. Foi aquela festa. Foram todas as Filhas de Maria. Lá estava também a Banda de Música Santa Cecília que, entre outros dobrados, tocou o Hino Nacional. Foguetes, cantos, uma alegria...

Eu não pude ir. Fiquei com inveja dos que foram, e uma vontade enorme de conhecer o túnel.

Daí a dois meses uma senhora, cuja filha se casou com o Vicente Costa, chefe da Estação do Funchal, me disse: "Maria, eu preciso visitar minha filha; pede D. Vinha para você vir comigo".

Fomos. Quando o trem chegou bem no meio do túnel, parou. Tive o tempo suficiente para matar minha vontade de conhecê-lo. Que encanto! Ele era tão grande que a gente avistava a luz lá adiante como se fosse um buraquinho deste tamanho! Eu corria da janela de um lado para a do outro. Ia até à porta da primeira classe. Via aqueles vincos de concreto que sustentava o teto, observava tudo!

O chefe do trem passou por nós reclamando: "Coisa estranha, nunca aconteceu isso. O guarda-freio, ao invés de bombear, travou o freio e a máquina parou!"

Eu vi no fato uma grande delicadeza da patroa para comigo. Como eu não pude ir à inauguração do túnel e estava com vontade de conhecê-lo, ela fez a máquina parar ali para que eu pudesse apreciar tudo.

Prosseguimos a viagem.

Quando chegamos na Estação do Funchal, descemos. Logo foi aquele movimento no quintal: pegar o frango para o almoço. O quintal dava os fundos para o rio Funchal. Quando a Maria do Zequinha abriu a moela do frango, qual não foi a sua surpresa! Encontrou uma pedra de brilhante, grande assim. Todos que a viram ficaram admirados e logo ficamos sabendo que se tratava de um legítimo diamante. Ali mesmo ele foi vendido por 50 contos de réis para dar de presente ao Rei Alberto da Bélgica, que vinha naqueles dias a Belo Horizonte visitar o presidente do Estado.

O diamante era tão grande que foi parar na coroa do Rei Alberto.

Sempre que o Vicente Costa, chefe da Estação de Funchal, me encontrava em Dores, me dizia: "Lia, volta lá em casa de novo; a gente mata outro frango com pedra de brilhante na moela dele".

Mais uma delicadeza da Mãe do Céu. Pagou a pensão de sua criadinha com um presente régio!

Como comprei a máquina de costura

O representante João da Cruz andava pelas ruas de Dores de Indaiá com um bastidor na mão. Quando passou, eu o chamei. A máquina custará Cr$ 850,00. A primeira prestação custará Cr$ 200,00 e depois o restante em prestações de Cr$ 100,00. "Nossa Senhora, eu não tenho nem um tostão; onde vou arranjar?" Foi passando o sogro do Zoé, que construiu a Escola Normal. "Sr. Oflé Ribeiro, faça-me o favor." Ele veio: "O senhor quer me emprestar Cr$ 200,00 para eu dar entrada na compra da máquina Singer®?" "Não [respondeu] eu te dou Cr$ 200,00".

Daí a pouco o representante passou e eu dei a entrada. As prestações foram pagas com o meu trabalho muitas vezes até às 2h da madrugada.

A correria dos chapéus

Eu estava cosendo na máquina perto da janela, quando vi um moço correndo na rua com um chapéu na cabeça e outro na mão. Pensei comigo: naquele mato tem coelho. Desci até à esquina da rua 15 para ver. Quando cheguei lá, o dono do chapéu já havia alcançado o ladrão, e estava sobre ele, derrubado no chão, pronto para sangrá-lo: "Esse cachorro", dizia com raiva! Corri para ele e falei firme: "Você vai ficar criminoso só por causa de um chapéu?" Tomei-lhe a faca. O outro levantou-se. Fiquei entre os dois e falei muita coisa para eles. Disse para o outro: "Vai cuidar de sua vida e não se apodere mais do que é dos outros".

Deixei-os ir.

O agente Otávio e o trem

Rosa e eu fomos pegar o trem em Velho da Taipa para ir a Pitangui. Ela tinha 15 e eu 18 anos. Quando chegamos na chave da estação a máquina já se movia, saindo. O velho agente, Sr. Otávio, um homem escuro, e de uma bondade sem conta, tirou do bolso um apito e fez um *trim* comprido. O maquinista escutou e parou para nós.

Que delícia!...

A cascavel

Eu estava lavando roupa e Lisa, com seus quatro aninhos, brincando e procurando *bilosca*, uma fava marrom achatada, ali perto de mim. "Lia [disse-me ela em dado momento], o que será esse barulho que eu escuto, cada vez que eu passo pra lá e pra cá, naquela 'regueira'?" "Pode ser um zunido de caixa de marimbondo", respondi.

Com a insistência dela, resolvi ir lá olhar. Quando cheguei no lugar, vi logo que era um rolo de uma enorme cascavel, pronta para dar o bote, sacudindo o seu chocalho. Arrepiei-me toda de medo. Eu não teria podido matá-la com pau, debaixo daquelas árvores. Corri lá em casa e contei para o papai: "Eu lavando a roupa e Lisa brincando e a cascavel" etc.

Papai e o Sr. Ozório Faria, que estava lá com ele, vieram e mataram com tiro certeiro. A cascavel, com seus oito anéis no chocalho, já tinha seus oito anos de idade...

A confusão das línguas

Josué me convidou para ir com ele até Belo Horizonte. Tomamos o trem de ferro e fomos. Em Bom

Despacho embarcaram duas senhoras de vida alegre; elas traziam uma garrafa na mão. Sentaram-se perto de nós. De vez em quando elas viravam a garrafa na boca e conversavam alto, riam, pareciam muito alegres. Josué, vendo aquilo, olhava para mim muito preocupado porque elas falavam imoralidade. Eu estava tranquila.

Quando chegou na Estação de Pará de Minas, uma delas desceu e na plataforma começou a chorar e a gritar alto, um escândalo. Na rua passava um enterro. Eu falei para o Zoé: "Olha, Josué, coitadinha, vai ver que ela veio para o enterro de sua amiga e chegou atrasada..." "Que isso, Lia, você não entendeu? Você não ouviu a conversa delas aqui no trem? Eu estava aflito por você ao escutar aquilo." "Não, Zoé, eu não escutei nada. Para mim elas falavam engrolado em outra língua. Francês não é, porque eu conheço o sotaque; deve ser alemão ou inglês!"

Que coisa extraordinária, Lia, parece um milagre! Desde que elas entraram aqui falaram imoralidades sem parar. Aquela que chorava desesperada, se lamentava porque um amigo que ficara de encontrá-la ali não viera. São mulheres de vida alegre... "Josué, quando entrei no carro, eu pedi à Mãezinha do Céu para assentar junto de mim para eu não cometer um pecado venial sequer. Quando chegarmos a Belo Horizonte, nós vamos à Gruta de Nossa Senhora, na Igreja de Lourdes, para agradecermos esta grande graça."

Pois bem, até essa idade de 80 anos nunca escutei uma conversa imoral ou indecente. É a delicadeza infinita da Mãezinha do Céu para com a sua empregadinha.

Um almoço do céu

Um dia eu fui fazer o almoço e só tinha arroz e feijão. A mamãe já estava entrevada na rede. Pensei comigo: pôr só uma comidinha assim para a mamãe, é muito triste!

Na sala havia dois quadros do Coração de Jesus e do Coração de Maria. Fui lá, diante do Coração de Jesus, e contei para Ele: "Jesus! A empregadinha de sua Mãe foi fazer o almoço e não tem nada mais que arroz e feijão. Arranja alguma coisa gostosa para eu oferecer à minha mamãe que está doente".

Dei essa prosa com Ele na sala e fui lá contar à mamãe que fui pedir a Jesus alguma coisa gostosa. 15min depois, bateram na porta. Fui lá atender. Era um menino com uma travessa grande com tudo de bom que minha prima tinha mandado. Havia peixe frito, macarronada, arroz etc.

Enquanto eu rezava de cá, minha prima em sua casa acabava de fazer o almoço e viu que havia muita coisa gostosa. Lembrou-se de nós e mandou.

Peguei a travessa, corri para perto de mamãe, ajoelhei e disse: "Veja, mamãe, quanta coisa gostosa que Ele mandou". Ela falou: "Parece que o Coração de Jesus está vivo pra você; tudo o que você pede, Ele faz".

Eu respondi: "Eu não tenho pai; Ele é Pai. Falei pra Ele e mandou".

Um almoço do céu

Jesus é Jesus e nunca deixou de ser Jesus

Nós morávamos em Martinho de Campos, na roça. Minha mãe me falou: "Maria, vai apanhar o algodão Carolina® para eu mandar às mulheres fiar, e fazer colchas para a casa".

Eu peguei a Lisa, que tinha então 5 anos, e fui. Quando estava lá, chegou o Chiquinho com um bule de café, biscoitos fritos na gordura e falou: "Lia, fui no armazém comprar toucinho pro jantar e nisto a máquina passou. Fui ver quem é que estava passando e era uma quantidade de moças que iam a Belo Horizonte para estudar; e outra de moças que seguiam para o Colégio Santa Rosa de Niterói". Aí a Lisa me falou: "Lia, que vontade que eu tenho de estudar!

Eu fiquei muito emocionada com esta confidência de minha irmãzinha. Pensei na dificuldade que havia para isso: Além de morarmos na roça, onde não havia escola, éramos muito pobrezinhos. Mas, olhei para o céu e respondi à Lisa: "Lisa, minha filha, você vai poder estudar, sim, porque 'Jesus é Jesus e nunca deixou de ser Jesus!'"

O Josué, nosso irmão mais velho, trabalhava então na Casa Galhardi em Belo Horizonte. Ele tomava então o lugar de Papai, que já havia falecido. Ele veio conversar com a mamãe: O papai já morreu. A senhora, viúva, não pode ficar aqui na roça. Vou procurar uma casa no comércio para que a senhora possa conseguir instrução para Elisa e o Geraldo (este era o caçulinha, com 4 anos).

Ele foi a Dores do Indaiá procurar a casa e voltou dizendo que a conseguira. Mudamos. Mamãe matriculou Lisa e Geraldo no Grupo. Ambos cursavam no Grupo até o 4° ano e tiravam o diploma.

Agora que você vai ver a delicadeza da Mãezinha do Céu. Escuta...

Naquele tempo, o Dr. Chico Campos, que era de Dores de Indaiá e era Secretário do Governo de Minas Gerais, resolveu fundar uma Escola Normal em sua terra natal. Movimentaram todos os pedreiros da região e levantaram o prédio.

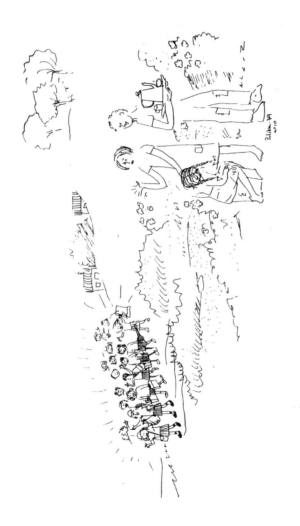

Jesus é Jesus e nunca deixará de ser Jesus

O prefeito da cidade, Sr. Cornélio Caetano, foi lá em casa e disse à mamãe: "D. Genoveva, A Escola Normal vai ser inaugurada. Estou procurando as melhores moças da nossa cidade para formar a primeira turma. Fui ao grupo e me disseram que sua filha Elisa *é* uma das mais inteligentes. Por isso, aqui estou pedindo a sua licença para que sua filhinha seja uma das primeiras a integrar a primeira turma da Escola Normal". Mamãe ponderou: "Faço muito gosto, senhor prefeito, mas eu sou pobre, não tenho como custear as despesas da menina". O prefeito respondeu: "As despesas correm por conta do Estado". "Assim está bem, Sr. Cornélio. O senhor pode matriculá-la".

Eu, a mais velha da casa, fiquei numa alegria muito grande. Corri a providenciar o uniforme da Lisa. Fiz a saia plissada, de casemira azul, a blusa de palha de seda e abri a conta em meu nome na Livraria D. Bosco, do Sr. Waldemar Barbosa, para que eu pudesse lá tirar os livros e cadernos que precisasse. No fim do mês eu pagava tudo.

No dia que ela entrou eu fui conversar com o Coração de Jesus: "Pai de amor. Nós não temos pai na terra. Lisa vai entrar para a Escola Normal. Vós sereis o professor de minha irmã. Dai a ela inteligência, saúde, perseverança nos estudos".

Lisa foi muito feliz nos estudos; passou em todos os anos. Nas festinhas da Escola Normal, ela se encarregava da parte cômica. Quando foi para a sua formatura, o padrinho lhe deu de presente um vestido, feito em Belo Horizonte, a coisa mais linda.

Entrei pela primeira vez na Escola Normal, para a festa da formatura. Levei a mamãe ao salão nobre, de braço dado, e coloquei-a numa cadeira. Fiquei a seu lado, porém perto da janela. Estava muito emocionada. Quando o Diretor da Escola Normal, Sr. Henrique Schmidt, chamou: "Elisa Martins de Faria", para entregar o diploma, eu me escondi atrás da janela para chorar de alegria. Lembrava-me, naquele momento, da cena que se passou lá na roça de algodão de Martinho de Campos.

Não era, pois, o Diretor e sim o Coração de Jesus que lhe entregava o diploma naquele momento. Isto foi tão perfeito que hoje ela é Carmelita do Carmelo Sagrado Coração de Jesus!

O vestido novo

O vestido novo

Terminada a missa, fui fazer a minha ação de graças no altar de Nossa Senhora. Cheguei perto dela e falei assim: "Hoje é dia 3 de dezembro. A sua empregadinha queria tanto vestir um vestido novo no dia de sua festa! No próximo dia 8..."

Às 5h da tarde alguém bateu em minha porta! Era D. Sinhá. Ela vinha me convidar para rezar com ela um terço no cemitério. Dizia assim: "Hoje o João viajou, não sei a que horas ele vai chegar..."

Saímos, rezamos o terço e voltamos. Quando passamos na loja do Lacerda, ela disse: "Vou entrar aqui para uma compra". "Tem crepe branco?" perguntou. "Tem", respondeu seu Lacerda. "Tira 4m para mim. Ponha dentro um retrós e faz um embrulho bem bonitinho com um laço de fita azul."

Pensei, cá comigo, que aquilo era para Maria Aparecida, menina que morava com ela...

Seguimos. Quando chegamos na porta da minha casa, eu lhe disse: "Vamos entrar, D. Sinhá?" "Não, Lia, o João deve estar chegando e eu quero estar lá na hora; e aqui está o seu vestidinho para o dia 8 de dezembro."

Eu fiquei pasmada! Pedi de manhã um vestidinho novo à Mãezinha do Céu, minha patroa, e à tarde ele já estava em minhas mãos. Peguei o crepe e fiz um vestido bonito, todo plissado.

Naquele tempo a gente dava pensão para um menino chamado Gabriel. Terminado o vestido, passei a ferro deixando-o estendido na mesa de passar que ficava na cozinha, e fomos para a reza. Gabriel ficou em casa escrevendo seus exercícios, a tinta sobre a mesa. Quando terminou seu trabalho, pendurou o tinteiro na tramela da janela da cozinha e foi-se embora. Quando eu voltei da reza, fui abrir a janela da cozinha e... pronto! O tinteiro caiu e derramou-se sobre o vestido branco. Fiquei desolada! Menino sem juízo! E agora?

Peguei meu vestido no braço e fui para a janela da cozinha que dava para o santuário e falei: "Jesus! Olha aqui o vestido com que eu estava com tanto luxo! Quantas vezes eu tenho arrumado com carinho as toalhas do seu altar... Agora, agora é a sua vez... Tire a tinta do meu vestido, Jesus!"

Depois eu me lembrei: "Dizem que laranjinha azeda com sal tira nódoa de roupa". Corri no quintal, apanhei 4 laranjinhas, voltei à cozinha, abri o vestido, espremi as laranjas com sal sobre a tinta e depois estendi-o no quintal para corar, e fui-me embora. Quando voltei, mais tarde, o vestido estava clarinho, as sementes das laranjinhas ainda por cima. "Olha, mamãe, aqui está o vestido que a Mãezinha do Céu limpou!" Enxaguei, pus no sol e passei.

Na procissão do dia da festa, lá estava eu carregando o andor de Nossa Senhora, com o vestido novo. As minhas amigas que souberam do caso da tinta ficaram admiradas.

Eu tive de contar e recontar essa história para cada uma, lá em casa.

A caixa de marimbondos

Eu era uma mocinha de 20 anos.

Acabei de fazer o almoço e, naquele intervalo, fui rezar o meu terço debaixo do pé de laranja. Enquanto rezava, olhando para o alto, descobri duas laranjas temporonas lá em cima. Pensei: "Quando terminar o terço, vou apanhá-las para a mamãe".

Subi no pé. Acontece que, junto à laranjeira, javia um pé de mamão; e numa das folhas *encaducadas*, uma enorme caixa de marimbondo. Quando levei a mão, bati na caixa e os marimbondos voaram todos para cima de mim, que fiquei preta de marimbondos no rosto, nas mãos, nas vestes, nas tranças do cabelo. Eu batia com as mãos neles, correndo para dentro da casa, e nenhum me ferroou.

"Maria, que é que você tem, menina?" disse mamãe, quando cheguei lá no quarto. "Você está com uma palidez de cera." Contei-lhe tudo e acrescentei:

A caixa de marimbondos

"Eles não me ferroaram porque eu estava perfumada com a recitação da AVE-MARIA!

Em Petrópolis, uma farmacêutica do Rio me disse que 4 desses marimbondos bastavam para me prostrar na cama, com febre.

O leproso

Chegou um homem lá em casa, bateu na porta e me disse: "Ó dona, será que a senhora pode fazer uma calça para mim? Eu ganhei este corte de fazenda no Natal, mas ninguém quer costurar para mim porque sofro da doença do mal".

Era realmente um leproso. Vi seus dedos cheios de feridas e deformados. Mas lhe disse: "Pode deixar que eu faço, sim".

Eu pensei em Nosso Senhor, e foi para Ele que fiz aquela roupa. Peguei o pano que me entregou, pus na água quente, e depois fiz a calça. Peguei uma camisa do Chiquinho, bem boa, e embrulhei junto com a calça. Quando ele veio buscar, eu falei assim:

"Depois de amanhã *é* a primeira sexta-feira do mês; o senhor vai comungar?" "Ah, sim... [respondeu ele]. Vou fazer, sim... Tudo o que a senhora me pedir, eu faço, porque o que eu lhe pedi a senhora fez!" "Então, amanhã é quinta, o senhor vai à igreja e se confessa, e na sexta-feira assiste a missa e comunga." "Sim, senhora." E foi todo feliz com a sua encomenda.

Interessante! Naquela quinta-feira eu lavei a sala e os móveis estavam todos fora do lugar. Como o padre deveria vir às 5h trazer o Santíssimo Sacramento para a mamãe, eu marquei o despertador para as 4, a fim de ultimar as arrumações. Acontece que o Padre Henrique, vigário da paróquia, errou a hora e quando bateu à porta, e quando entrou na sala, o relógio despertou. Ainda eram 4h. Enquanto eu arrumava o quarto e a mamãe, ele colocou o Santíssimo em cima da minha máquina de costuras e pôs-se de joelhos, em adoração!

Eu fiquei encantada com a delicadeza de Jesus! Só porque eu fiz aquela costurinha para o leproso, ele veio e fez da minha máquina um altar!

Aquela máquina era realmente abençoada. Nunca quebrou uma agulha! Veio de Dores de Indaiá para Petrópolis, solta, sem nenhum engradamento, a ponto dos carregadores da linha de ferro me dizerem: "Essa máquina tem um mistério. Ela veio desde Dores de Indaiá até aqui, desengradada... Do jeito que os carregadores jogam tudo de qualquer jeito! Essa não, está perfeitinha". Eu então respondi: "Essa já foi altar do Santíssimo Sacramento". E contei o caso para eles...

O sacrário e as rosas

Fui arrumar o Altar do Santíssimo. Quando ia colocar as jarras de flores perto do Sacrário, eu pensei assim: "Pai de amor, eu gostaria de colocar as rosas aí dentro de sua prisão de amor. Como não posso, vou colocar estas rosas por cima do telhado de sua prisão de amor". E assim fiz.

No dia seguinte, quando o Padre João Machado foi abrir o Sacrário para dar a Comunhão, as rosas desfolharam e muitas pétalas voaram lá de dentro do Sacrário. Fiquei feliz, pois Jesus me ouviu.

Depois da Comunhão o padre recolheu todas as pétalas num envelope. Todos os que lá estavam e presenciaram o fato, quiseram guardar uma pétala daquelas rosas.

Um dia, eu já lá estava em Petrópolis, ainda recebi uma daquelas pétalas de uma amiga que dizia assim: "Você lembra daquelas pétalas de rosa que o Padre João Machado recolheu no sacrário? Aqui vai uma, a minha!"

O guarda-chaves
e a Sexta-feira Santa

Era Sexta-feira da Paixão.

Leopoldo, o guarda-chaves, falou para a Josefina, a mulher do Agente da Estação, Otávio: "Vou sair para comprar um pedaço de carne". "Hoje é Sexta-feira Santa, Leopoldo. Não se come carne hoje", disse Josefina. "Pois hoje eu como carne, ainda que seja carne de cachorro." Falou e desceu pela linha do trem abaixo. Não escutou o barulho da máquina que vinha na curva. Foi atropelado e esmagado. A cabeça cortada e jogada de um lado e o sangue manchou os trilhos numa grande extensão.

Na mesma hora os cachorros da vizinhança se ajuntaram no lugar para comer a sua carne e lamber o seu sangue, que ficara pelo trilho.

A pessoa que me contou o caso ainda estava sob efeito da emoção, tremendo e com os olhos arregalados.

O guarda-chaves e a Sexta-feira Santa

Convite a Jesus para almoçar

Acabei de fazer o almoço, fui até a horta buscar cebola e salsa para o tempero. A janela da cozinha estava em frente à grande porta do Santuário. Cheguei à janela com a cebola e a salsa na mão, mostrei-as e falei assim: "Jesus, o almoço da empregadinha da Mãezinha do Céu já está pronto. Vem almoçar aqui, traz a Mãezinha Santíssima e São José. Tem frango gostoso, arroz e feijão, e verdura..."

Passou um pedacinho de tempo e bateu na porta. Os pobres batem na porta assim; a gente chique bate palma. Era um homem de meia-idade, com uma bengala no ombro e uma mala na ponta. Ele vinha acompanhado de uma senhora com uma criancinha no colo. Ele falou assim: "Minha senhora, estamos com muita fome! Desde que chegamos na cidade estamos querendo pedir um prato de comida. A gente olha para as casas, mas não tem coragem de bater para pedir. Mas quando cheguei aqui, não sei por que, senti coragem". "Entre, meu senhor, aqui na sala com sua mulher e filhinho, acomodem-se enquanto vou lá dentro preparar os pratos."

Na sala havia algumas cadeiras de palhinha e um sofá grande. Eles se assentaram no sofá. Ele, de meia-idade, como já disse, muito simpático; ela, devia ter seus 22 anos, uma mulher muito bonitinha, com uma criança linda nos braços. Olhei para os três e lembrei-me do convite que fiz a Jesus. Nunca fiz um prato de comida com tanta alegria. Preparei três pratos. Cheguei na sala e falei para a senhora: "Dê-me a criança, que eu a carrego, enquanto a senhora almoça". "Não, minha senhora [respondeu ela]. Ele também está com muita fome; meu peito está seco. Ele não tem mamã! Enquanto como, vou dando a comidinha para ele também." Era menino, e não menina.

Enquanto eles almoçavam, eu fui lá dentro, peguei um embornal, coloquei dentro um pão comprido, uma garrafa de café e um copinho e levei para a sala: "Isto é para levar. Vocês estão viajando, vão ter fome".

Fiquei contemplando aqueles três... Depois perguntei: "Para onde vão vocês?" "Nós vamos para a cidade de Luz", disse o homem.

Tudo isso, para mim, tem um quê do céu!

Eles terminaram, se despediram, e eu fiquei na porta, olhando... Eles desceram a Rua 15 de novembro e tombaram pela rua da estação...

Convite a Jesus para almoçar

O sapato da sola virada

Lá ia eu para a Igreja fazer uma hora de adoração ao meio-dia. No meio do caminho dei um tropeção e a sola virou até ao meio. Ficou presa pelo salto. *Laft... laft*, lá ia eu para a Igreja naquela dificuldade. E pensava comigo: "Como vai ser se a Igreja estiver cheia? Um por um virá me dizer que a sola do meu sapato virou!"

Mas não, a Igreja estava vazia. Achei isso uma delicadeza de Deus. Fui direto ao altar do Coração de Jesus, mostrei o meu sapato, e falei com ele assim: "Olha aqui o meu sapato. Pai de Amor; dei um tropeção, vindo para cá, e a sola virou até ao meio, só sobrando o salto. Eu não tenho dinheiro para comprar outro sapato; não tenho mesmo. Vós sois o Pai de Amor, riquíssimo, dono de todos os tesouros, que fez o céu bordado de estrelas e a terra com tudo o que ela contém. Me dá um sapato novo. Hoje mesmo, eu tenho confiança que me dareis o que vos peço".

Falei com muita confiança! Meu filhinho do céu, eu lhe conto isso e meus olhos enchem de água.

Cheguei em casa e me pus a costurar. Bateram na porta. Era um batido diferente. O homem bateu com o cabo do chicote. Fui lá. "É aqui que mora o Josué Faria?" "Não senhor", respondi; "mas aqui é a casa da mãe dele." "Bem, eu estou com muita pressa porque eu ia a cavalo para Buriti da estrada, mas um amigo me ofereceu carona. Então eu vou soltar o cavalo no pasto e queria saber se a senhora me permite guardar os arreios aqui." "Com muito gosto. Pode pendurá-los aqui nos pregos do quarto do Chiquinho."

Pendurou-os, foi e voltou logo, dizendo: "Eu guardei os arreios, mas me esqueci de perguntar-lhe quanto devo". "Nada", respondi. "Aqui é a casa da mãe do Josué, não é isso?" "Sim." "Eu me chamo Altino Ribeiro. Eu devo ao Josué dois contos de réis, que ele me emprestou em um momento de grande precisão minha. Aqui estão os dois contos. A senhora me faz o favor de entregar-lhe mais estes quinhentos mil réis, que são os juros, que eu quero dar a ele. Ele não pediu não, mas foi bom demais na hora que eu precisei." E foi-se embora.

Quando o Zoé chegou, eu dei os dois mil da dívida e dei os quinhentos dos juros. Zoé falou: "Esses quinhentos são seus, Lia, para você comprar seu par de sapatos".

Havia poucas horas que eu tinha ido contar ao Pai de Amor. Fiquei abismada! Comprei um sapatinho, um amor! Quinhentos mil réis, que dinheirão!

Assim é minha vida. É uma delicadeza perfumada de Jesus e de sua Mãe Santíssima. Até parece que Ele esquece que eu sou pecadora.

A cisterna milagrosa

Estávamos em Dores do Indaiá. Fui à tardinha tirar água na cisterna. Descendo o balde na corrente, chegou ao fundo e veio cheio de lama. Eu fiquei muito triste, pus a lama na *baciinha* e fui mostrar à minha mamãe que já estava paralítica na rede: "Olha aqui, que tristeza, mamãe. Será que eu tenho que carregar lata d'água na rua?"

Fui no meu caderno, tirei uma folha, parti e fui lá na sala diante do quadro do Coração de Jesus: "Olha aqui, meu papai de amor, a minha cisterna secou! Mas Vós destes água depois de morto, na chaga do lado. Então eu peço encher a minha cisterna com a água do divino lado, para que a sua empregadinha não precise sair na rua com a lata d'água na cabeça..."

Escrevi isso, abri a tampa da cisterna, joguei lá dentro, fechei. Depois cheguei na porta da rua, chamei uma senhora que passava, e pedi: "A senhora quer trazer-me duas latas d'água?"

Quando foi no outro dia, cedinho, levantei, coei café e falei: "Agora vou ver o milagre que o meu Pai de amor me fez". Puxei a tampa da cisterna, desci o balde, na mesma hora deu água. Uma água límpida, transparente, azulzinha. Pus na bacia e levei para a mamãe ver...

A cisterna milagrosa

Eu fiquei encantada... e agradeci assim: "Meu Pai de amor, você se esqueceu de que eu tenho pecado? Encheu minha cisterna de 30m de fundura com uma água cristalina!..."

A cisterna virou uma fonte para todos os vizinhos, pois a seca era grande em Dores do Indaiá. Abri a cancelinha do muro e todos entravam e saiam.

A cisterna milagrosa nunca mais secou. No domingo teve a reunião do apostolado. O Monsenhor Mário, vigário, falou: "Quem tiver um milagre do Coração de Jesus para contar, conte". Eu me levantei e disse: "Eu tenho um, monsenhor". "Então conte, Maria Martins." Eu contei tudo. No final, o monsenhor disse: "Faça constar na ata da reunião".

A empregadinha escondida

Era 15 de setembro de 1947.

O vigário de Dores, Padre Alfredo, falou: "Maria, hoje vai haver Procissão da Padroeira, Nossa Senhora das Dores. Eu vou descê-la do trono para você preparar o andor".

Eu fiquei muito feliz com esta missão, e imediatamente comecei o trabalho. Levei para a sacristia uma *baciinha* com água, um pano limpinho, tirei todo o pó, passei Kaol® no diadema e na espada e deixei tudo alumiando... Eu havia ganho um vidro de perfume "Noite de Natal". Corri lá em casa, busquei o perfume e, com um algodão, perfumei ela todinha.

Na hora de descer a espada eu fiz esta oração: "Mãezinha do Céu, já está tudo pronto. Agora vou descer a espada novamente, devagarinho dentro do Seu coração. O que sua empregadinha pede nesse momento é que eu seja sempre escondida, despercebida, esquecida, desaparecida, desconhecida, viver de amor para morrer de amor". Fui falando e descendo a espada.

Esta oração foi feita no dia 15 de setembro. Pois bem. No dia 15 de outubro, um mês depois, eu já estava escondida na portaria do Carmelo de Petrópolis.

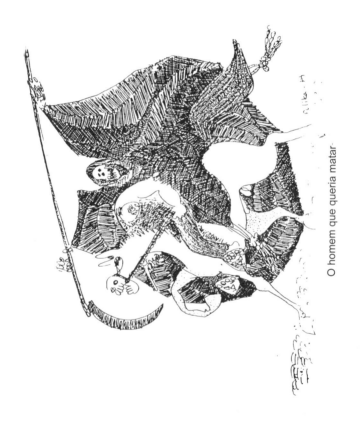

O homem que queria matar-

O homem que queria matar

Bateram com o cabo de relho na minha porta. Abri. Era um homem a cavalo: "Vim pedir [disse] oração para mim, porque estou com um pensamento muito diabólico na minha cabeça. Estou armado de revólver procurando meu cunhado para matar". "Meu filho, apeie, vem tomar café com biscoito frito na gordura." Entrou, sentou-se. "Olha, como se chama?" "Alexandre."

"Alexandre, meu filho, pense bem no que vai fazer. Você vai deixar sua irmã viúva, com três filhinhos, só porque ele lhe ofendeu com simples palavras? Fica o ódio. Vai passar o resto da vida correndo da polícia; se o soldado pega, apanha de correia, 20 anos de prisão na cadeia, enquanto a mulher vai para a roça com os filhinhos trabalhar. Veja, você não aguenta uma palavra, mas vai aguentar uma surra!"

Falei muita coisa assim... e acrescentei: "Me dê o revólver; deixe que o guarde no canto da caixa".

Ele foi mais calmo; meditou 8 dias no caso e depois mandou fazer doce, arrumou um queijo e trouxe para mim. Entrou, tomou café com biscoito, levou o revólver e prometeu nunca mais falar em matar.

Era um moço de boa aparência.

A pescaria

Eu estava cosendo na janela, quando uma pobre muito pobre, suja e descalça, chegou até mim e falou: "Dona, a senhora tem uma rapinha de panela para eu levar para os meus 4 filhos? Meus meninos estão com muita fome, porque meu marido está trabalhando na terra de arroz na beira do Rio São Francisco e só vem em casa aos sábados". "Minha filha [respondi], já lavei minhas panelas todas, mas isso não há de ser nada. D. Ritinha, a proprietária do Hotel Central, é muito minha amiga. Ela é muito rica e lá sobra muita comida. Essa sua latinha está muito pequena para quatro pessoas. Entre aqui para dentro; seu vestido está muito sujo e rasgado. Aqui você vai lavar o seu rosto, pentear o cabelo e vestir um vestido meu, limpinho, para você ir ao Hotel Central. Vou lhe dar uma lata maior e um bilhetinho recomendando-a a D. Rita." Ela entrou e fez tudo o que falei. Então eu fiz um escritinho assim:

> D. Ritinha, aqui vai esta pobre pedir-
> -lhe uma sobra de comida do Hotel. Ela
> vinha com uma lata muito pequena;
> dei-lhe uma maior; pode encher bem
> porque ela vai levar para os seus quatro
> filhos. Depois você faz uma coleta com
> os viajantes para ela comprar um vestido
> porque este que está com ela é meu.
> Sua pequenina serva,
>
> Maria

D. Ritinha leu, encheu a latinha com carne, batata frita, arroz, feijão, fez a coleta e deu tudo para aquela mulher. Ela ficou quase louca de alegria com tudo aquilo e dizia: "Ô meu Deus do céu, que hora mais abençoada esta que saí de casa. D. Maria, Deus te pague por tudo!" Eu lhe disse ainda: "Aqui estão estes 2$000 [dois mil réis]. Você passe no negócio do Querubim e diga assim: 'Eu quero um catueiro de argola, daquele que a Maria comprou aqui ontem. Leva essa corda, que serve na quaresma lá na igreja. Ela é muito grossa e muito forte. Quando chegar em casa, amarre-a na argola do catueiro, bem amarrada. Depois, passe no restaurante *Dia e Noite* e peça para o moço de lá que lhe dê uma moela de galinha e leve tudo para o seu marido, lá na roça onde está trabalhando'. E fale para ele assim: 'Primeiro amarre a ponta da corda do catueiro bem amarrada numa árvore. Em seguida, põe a moela no catueiro. Só então jogue o catueiro na água. O peixe grande avança na moela, e quando se sente preso, salta, debate-se até se cansar. Quando ele se cansa, arquejante, então puxe-o para fora'".

Ela fez tudo como lhe falei.

Um dourado imenso caiu no anzol, naquele dia! O homem ficou feliz, trouxe-o para fora: "Como é que vou levar sozinho este peixe, deste tamanho?" Amarrou-lhe uma corda na guelra e puxou-o, arrastando-o pelo meio do mato para não se sujar de terra. Parava de vez em quando para descansar, tal era o peso. Vendeu-o num restaurante da cidade. Com o dinheiro comprou um terno para ele e ainda deu para abastecer de mantimentos a sua casa.

A mulher veio lá em casa, cheia de alegria, para me contar todo o sucedido.

A Providência Divina – peixe e lombo

Eu não tinha nada para almoçar a não ser um caldeirãozinho de feijão. Cheguei perto do quadro do Coração de Jesus e contei para Ele assim: "Pai de amor. A empregada de sua Mãe não tem mais nada para almoçar a não ser o feijão. Como há de ser?"

Passou um pedacinho de tempo e bateram na porta. Fui ver. Era um menino trazendo uma bandeja grande na qual vinha um pedaço de lombo de porco e um peixe já frito. Ele dizia assim: "A mamãe mandou isso para a senhora. Ela falou que era para comer o peixe no almoço porque já está frito e o lombo no jantar".

Eu fiquei encantada com a delicadeza de Jesus e falei para o menino: "Olha, vai dizer para a mamãe que ela foi a mensageira do Coração de Jesus. Foi Ele que mandou ela me dar este presente. Que o Coração de Jesus a recompense com muitas graças".

Corri no quarto e mostrei a bandeja à mamãe: "Que coisa extraordinária, Maria, *é* a misericórdia do Sagrado Coração de Jesus! Só não ganha quem não pede..."

O moço que ia tomar veneno

Um moço me procurou. Estava muito triste e desesperado porque a noiva o tinha deixado. Falava em tomar veneno.

"Que isso, moço? Por causa de uma criatura você vai tomar veneno? Não; você é jovem ainda. O próprio tempo desfaz essa paixão." Com essas e outras conversei muito com ele, acalmando-o, que estava desatinado. Ensinei-lhe a rezar o terço, dizendo: "Você anda muito a cavalo, vai campear as vacas do campo. Leva o terço no bolso, e vai rezando o Pai-nosso e as Ave-Marias, meditando nos mistérios de Jesus. Quantas graças pode ganhar para a fazenda, evitando acidentes com o gado, por exemplo". Dei-lhe um terço de presente, que eu havia adquirido de um turco mascate. Ele foi-se embora todo feliz e aliviado.

O moço que ia tomar veneno

O sorriso da namorada

Um moço veio ao carmelo chorando, querendo tomar veneno porque a namorada estava de mal com ele.

"Eu gostava muito dela", dizia ele.

Consolei-o muito e disse-lhe: "Pode ficar tranquilo, a Mãezinha do Céu vai ajeitar as coisas. A moça vai lhe fazer um sorriso e tudo vai dar certo".

Ele desceu o morro mais confortado. Na cidade encontrou-se com ela, que lhe fez um sorriso e disse: "Vai lá em casa de tarde". Ele foi lá; conversaram muito, fizeram as pazes e ainda pediu-a em casamento. Casaram-se no dia 4 de janeiro. Passados uns dias, voltou ao carmelo para dizer-me que se casara e não havia encontrado nela defeito algum.

A vela

Padre Alfredo me chamou e me disse: "Maria, hoje *é* dia 27 de novembro. Vamos expor o Santíssimo para a adoração. Você arruma o dossel mais bonito para pôr a custódia".

Levei o dossel para a sacristia, cobri com tule, enfeitei com as flores mais bonitas e, quando estava tudo pronto, corri lá em casa, apanhei um vidrinho de perfume "Noite de Natal" ainda fechado que me deram, e perfumei o dossel. Em seguida, coloquei o dossel em cima do altar-mor.

O padre que veio para dar a bênção só fez abrir o Sacrário, mas não utilizou o dossel. Eu fiquei triste. Arrumei o dossel com tanto carinho, e não serviu para a adoração. Quando acabou a bênção o sacristão levou o dossel para a sacristia. Eu fui lá para desmanchar tudo o que tinha feito, com os olhos cheios de água, tirar os alfinetes, as rosas, o tule. Minha tristeza era porque o dossel não tinha servido de trono para Nosso Senhor!

Na mesa em que eu trabalhava tinha um candelabro com uma vela. De repente ouvi um estalo, fez *tuf*, e na vela acendeu um fogo grande, esverdeado; eu fiquei um tempo, impressionada, olhando aquilo, e depois corri para chamar algumas senhoras que ainda estavam na Igreja... O Padre Alfredo veio e lhe contei

A vela

o caso. Ele disse: "Esse fogo veio do céu e vai voltar para o céu". Levou o candelabro e colocou-o no altar de Nossa Senhora. Tirou um pedaço do pé da vela e levou para guardar de relíquia.

Às 10h da noite ele foi rezar e a vela ainda estava acesa. Ele ficou adorando o Santíssimo até ela acabar.

Eu guardo até hoje um toquinho dessa vela.

A delicadeza de Nossa Senhora é uma coisa! Ela não pode ver sua empregadinha chorar!

O cachimbo de Clemente

O escravo Clemente gostava de cachimbar. Sentava-se num toco, lugar soturno da fazenda, e lá ficava horas e horas soltando baforadas, a filosofar. Um dia ele estava assim distraído, eu corri, tirei o cachimbo de sua boca e recitei cantarolando;

>Clemente é um homem bão,
>por gosto pode se ver;
>fez um pedido na Corte
>Veio um cachimbo de tremer.
>
>O cachimbo era tão grande
>que vivia de déu em déu;
>ele veio numa tropa
>numa caixa de chapéu.
>
>Eu falo isso é por notícia,
>por uma boca que não mente,
>que juntou o povo todo pra ver,
>o cachimbo do Clemente...

O cachimbo do Clemente

O presente do céu

Este é muito importante! Um dos grandes da minha vida.

Fui com o Josué a Belo Horizonte levar uma menina para consultar os médicos de Belo Horizonte, a conselho do médico de Dores. A menina estava com coqueluche e tinha acessos de perder os sentidos. Hospedamo-nos no Hotel São Paulo, no quarto n. 10. Logo, Josué procurou o médico e, este, vendo a menina, disse: "Vai demorar uns 20 dias!"

Eu dei nele um abraço e falei assim: "Fique tranquilo, meu irmão. Jesus dá e traz cá". Saímos com a menina para voltar ao médico. Na rua encontramos um fazendeiro riquíssimo, de Dores. "Oh Josué, você por aqui?" "Estou aqui trazendo esta menina para consultar os médicos a conselho do médico de Dores. Ela sofre acessos. Eu vim para 3 dias e agora o médico me disse que o tratamento vai durar 20 dias..." "Já sei, já sei!... Quer dizer que você está desprevenido para as despesas, não é?" Foi logo retirando a carteira do bolso, assinou um cheque e disse: "Tire isto para você".

Quando Josué olhou o cheque, ficou abismado! (Era de cinquenta contos de réis!) Daria para as despesas dos 20 dias e ainda sobrava. Josué ficou muito alegre.

Continuando nossa caminhada na rua, eu disse para ele: "Zoé, uma graça grande como essa deve ser celebrada aos pés da Mãezinha do Céu lá na Gruta da Igreja de Lourdes". Josué, com os olhos cheios d'água, me respondeu: "Lia, você vai ser outra Bernadette ajoelhada aos pés de Nossa Senhora!"

O presente do céu

Os passarinhos do algodoal

Papai saiu depois do café dizendo: "Vou ver se está tudo direitinho na roça; pode o gado atravessar a cerca etc."

Voltou muito triste e acabrunhado. "Que tristeza é essa?", perguntou mamãe. "Estou muito triste porque o nosso algodão não vai dar. As folhas estão pesadas de lagartos; não vai dar um capucho de algodão." Eu falei então: "Ora, papai, a Mãezinha do Céu vai tirar todas as lagartas. O senhor vai ver". Fui, peguei um caderno, piquei ele em papeizinhos e em cada um escrevi a seguinte oração: "Ó Maria concebida sem pecado, rogai por nós que recorremos a vós". Dobrei tudo, pus numa caixinha e falei para o papai: "Agora o senhor vai na roça e põe um papelzinho desse com essa oração no meio dos raminhos de algodão, nas forquilhinhas; nas árvores mais grossas o senhor levanta a casca e deixa lá, que a Mãezinha do Céu cuida do algodoal".

Meu pai era muito delicado. Tudo o que eu lhe pedia, ele fazia. Ele levou e fez como lhe falei; pôs no algodoeiro inteiro e veio embora. No outro dia, depois do café, foi, triste e desanimado, ver em que estado as lagartas tinham deixado o algodoal. Mas você não pode imaginar a surpresa dele ao chegar lá! Tava assim de passarinho, meu filho!!! Passarinho pra cá, passarinho pra lá, voando, batendo as asinhas, bicando as lagartas.

Nossa Senhora, em sua infinita delicadeza, reuniu tudo quanto era passarinho daquela comarca! Papai calculou entre uns 4 a 5 mil.

O algodoeiro brotou de novo e foi a melhor colheita que já fizemos. Eram 8 mulheres colhendo. Encheu um carro de boi, foi levado para a fábrica de Brumado. Lá trocou por muitas peças de morim e ainda deu muito dinheiro, que serviu de alicerce para mudarmos para a cidade.

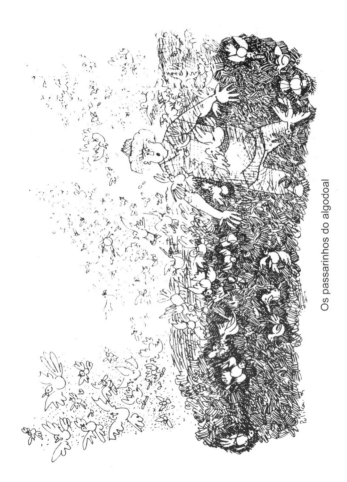

Os passarinhos do algodoal

José, o suicida

José chegou em casa muito nervoso e desesperado. Entrou para o quarto com o copo cheio de estricnina (a mãe viu ele colocando o pó de veneno na água) e dizendo para a mãe: "Vou me suicidar".

A mãe ficou louca e correu desvairada para a minha casa: "Maria, acode o José; ele entrou para o quarto com um copo de estricnina e disse que vai se suicidar!"

Eu falei para ela: "Nossa Senhora não vai deixar ele se suicidar. Ela vai ajeitar tudo. Ele vai jogar o veneno fora. Fique calma, tudo vai dar certo".

Ela ainda conversou um tempo comigo. Depois resolveu voltar para casa. Voltou ainda chorando, pensando encontrá-lo morto. Quando chegou lá, ficou surpresa. Ele estava estendido na cama, dormindo. Havia jogado a estricnina fora, pela janela. Quando acordou, disse para a mãe: "Eu vou para Belo Horizonte procurar emprego. Pede àquela moça para rezar para mim, para eu conseguir um emprego muito bom por lá".

Foi; de lá escreveu para a mãe: "Mamãe, arranjei um emprego muito bom na Casa do Churrasco. Venha cá, mamãe, para comer um churrasco comigo".

José, o suicida

O tormento da saudade

Corria o ano de 1919. Eu já residia na Rua 15 de novembro em Dores de Indaiá. Numa noite eu me assentei na cama chorando inconsolável, dizendo: "Eu morro com o tormento da saudade".

Mamãe logo acudiu: "Que é isso, Maria?" Eu repetia só isso: "Eu morro com o tormento da saudade". "Saudade de quem? Saudade de quem?" "Não sei, mamãe, eu morro de saudade. Eu sentia uma agonia de saudade, uma coisa oculta que não sabia exprimir senão assim. Eu sonhei naquela noite que tinha morrido e o meu anjo da guarda me transportou para uma planície imensa sem fim, sem altos nem baixos, sem uma árvore, só aquele capim todo igual, e o céu azul por cima. Meu anjo da guarda me disse: 'Você não vai ter purgatório, mas vai ficar aqui até purificar no tormento da saudade'."

Foi me dando aquela agonia, eu punha a mão na cabeça e ficava andando pra lá e pra cá sem sossego, cheia de saudades.

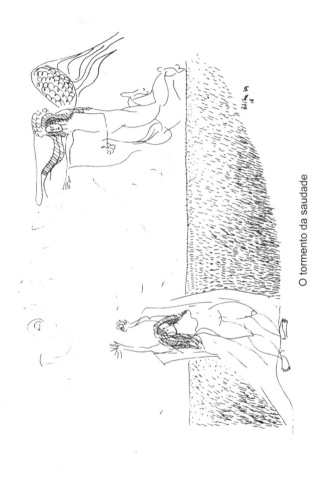

O tormento da saudade

O canto da cigarra

Um dia eu estava na horta plantando alface, perto de uma mangueira grossa, alta. E uma cigarra começou a cantar lá longe, nas árvores do mato. Eu fui, rezei: "Mãezinha do Céu, que encanto é o canto da cigarra! Eu tenho vontade de conhecer uma cigarra. O que é que a faz cantar tão longe? Na mesma hora a Mãe do Céu, na sua infinita bondade, mandou a cigarra vir voando e pousar no tronco da mangueira, a 2m de mim".

Eu fiquei encantada. Parei de plantar alface e fiquei contemplando. Ela suspendeu as asinhas, encostava uma na outra, e começou: *tri-tri–tri-trim...*

Ajoelhei e chorei ao ver a delicadeza da Mãezinha do Céu que atendeu a um pedido de sua empregadinha.

O canto da cigarra

O Rosário contém os Evangelhos

Era o dia 21 de setembro de 1930.

Fui fazer uma hora de adoração.

Sozinha, diante do Santíssimo Sacramento, de meio-dia a uma hora, levei comigo o livrinho "Divino Amigo" que abri no capítulo sobre o sofrimento. Naquele tempo, com mamãe muito doente, eu sofria com ela, sofria muito. Quando acabei de ler, fechei o livro e falei com Jesus: "Jesus, venho fazer uma hora de adoração. Ensina-me como fazer! Este livro é muito bom, mas saiu da cabeça de outro. Eu tenho a minha cabeça, o Senhor está aí e eu aqui. Como devo fazer?"

Na mesma hora veio a resposta: "Reza o rosário, pois o Rosário contém todos os Evangelhos".

Fiquei feliz e disse: "É agora mesmo, Jesus, vou rezar o rosário". Peguei o meu terço e comecei assim: "Nossa Senhora, Mãezinha do Céu, foi saudada pelo Anjo para ser a Mãe de Jesus, e nossa Mãezinha também. O fruto deste mistério é a humildade. Jesus, manda um reflexo da luz do Seu para o meu coração".

E rezei os mistérios gozosos. Nisso, entrou na Igreja uma senhora com uma garrafa de azeite para alimentar a lâmpada do Santíssimo. Quando ela puxou a corrente para descer a lâmpada, eu perguntei: "D. Tônica, a senhora quer vir amanhã, de meio-dia a uma hora, para rezar o rosário comigo?" "Venho, Maria, mas posso trazer a comadre, para nós três rezarmos juntas?" "Sim, pode trazer quem você quiser; quanto mais, melhor."

No outro dia, já éramos 6 rezando o rosário. Cada dia o grupo aumentava, e assim o Rosário do meio-dia em Dores do Indaiá tornou-se tão popular que um dia o vigário, Padre Henrique, vendo a multidão, ficou entusiasmado e subiu ao púlpito para pregar sobre o Rosário.

O Rosário contém os Evangelhos

A face do demônio

Um dia eu estava cosendo, sentada num tamburete, ao lado de minha mãe, deitada na rede. A mãe falou: "Lia, estou com muita sede. Traz para mim daquela água bem fresquinha da talha".

Desci do quarto para a cozinha, peguei o copo que estava embaçado para lavar e pegar a água na talha. Quando olhei para o terreiro vi uma coisa horrível... A Joana era a nossa lavadeira. Pois ela estava completamente deformada. Os cabelos eriçados, os olhos esbugalhados, a boca, grande e grossa, dentes crescidos e para fora. Ela fitava assim uma cena inconveniente, num canto do terreiro. Quando eu vi isso, eu gritei: "Nossa Senhora. Que é isso, Joana?"

Quando eu gritei "Nossa Senhora", o demônio saiu dela e ela imediatamente voltou ao natural.

Eu fiquei horrorizada e até perturbada por ver aquilo.

Encontrei, mais tarde, o Padre Alberto Perillo e contei para ele o caso. Ele me disse: "Maria, Nossa Senhora te mostrou o demônio da impureza!"

A face do demônio

O poema

D. Otacília, uma rica fazendeira, veio visitar-me. Eu estava lavando o arroz para preparar o almoço, quando ela chegou: "Para que essa quantidade de arroz, Lia? Eu só vejo vocês aqui, a Genoveva, a Lisa, o Chiquinho e você". "Sim, somos só nós mesmos, mas eu gosto de cozinhar com fartura porque pode chegar alguém, como a senhora, hoje, que está convidada a almoçar conosco. E se não vier ninguém, o jantar já está encaminhado. É só fritar mais uns ovos etc." "Que coisa, Lia. Nunca pensei nisso." "Desde menina, D. Otacília, eu aprendi um soneto do poeta Djalma de Andrade, que gosto de recitar. É assim:

Ato de caridade
Que eu faça o bem, de todo modo faça,
Que ninguém sabia quanto me custou.
Minha mãe, espero de ti esta graça:
Que eu seja boa, sem parecer que sou.

Que o pouco que me dês me satisfaça.
Se algum deste pouco sobrou,
Eu levo esta migalha
Onde a miséria inesperadamente
penetrou.

Que a minha mesa tenha mais um talher
Que será. Senhora Nossa,
Para um pobre faminto que vier.

O Poema

Que transponha os tropeços de embaraços
Que eu não coma sozinho
Um pão que possa ser partido em dois pedaços".

Ela falou: "Lia, isto é tão bonito! Você vai escrever tudo isso para mim. Eu vou pregar bem na porta da sala da minha fazenda para todo mundo ler".

Ela foi-se embora para a roça. No dia seguinte, mandou matar um capado bem cevado. Partiu-o ao meio, mandou uma banda dele para a Vila dos Pobres dos Vicentinos e da parte dela tirou um pedaço de carne e um pedaço de toucinho para mim, com um bilhete que dizia: "Lia, não é um pão, mas um porco que pode ser partido em dois pedaços".

O operário pobre

Os operários desciam para almoçar. Eram 18 homens. Eles chegavam e colocavam a sua marmita num fogão improvisado com tijolo e uma folha de zinco.

Eu notei que um velho, mais pobre, de pés descalços, não colocava ali a sua marmita. Ele se afastava para debaixo de um pé de laranja e, lá sentado, comia sua comida fria. Cheguei lá onde ele estava e perguntei: "Por que o senhor não põe a sua marmita para esquentar no fogão?" Ele me respondeu: "Eu sou pobre demais. Eles vão rir de mim porque na marmita deles tem de tudo: arroz, feijão, carne, abóbora, enquanto na minha só tem feijão com farinha!" De hoje em diante o senhor vai ter recurso. Vou repartir o meu almoço com você.

Pedi sua marmitinha para requentar e coloquei nela de tudo: arroz, carne, abóbora etc. e levei para ele.

"Sua camisinha está muito rasgada. O sol bate e faz bolha. Eu tomava conta da roupa do Chiquinho e agora vou tomar conta de você. Quando der 4h, venha cá. Tem pente para o cabelo? Tem sabonete para lavar o rosto?"

Mandei que ele entrasse. Ele era baixinho. "Como se chama?"

Saiu arrumadinho, limpinho. Disse-me depois que, quando foi apontado na rua, a mulher não o reconheceu: "Que é isso? Onde arrumou esse luxão todo?"

O Arturzinho tinha fábrica de tecidos. Com os retalhos que me dava eu fazia muitas camisas para os pobres.

O ferro de engomar

Eu já estava na portaria do Carmelo de Petrópolis. Molhei a roupa para passar. Quando levei o pino da tomada para ligar, faz *chu-ú* e deu aquele fogo e aquele cheiro de fumaça e queimou o ferro. Pensei cá comigo, depois de me refazer do susto: "Como *é* que está pra ser? Que desastre, meu Deus! Hoje é sábado, o Francisco não veio!"

Fui lá para a capela e rezei assim: "Pai de amor, o ferro da empregadinha de sua Mãe queimou e não tenho ninguém para levar ao conserto. Como é que está para ser? As roupas para passar, tudo lá em cima da mesa".

Passou um pouquinho e a campainha tocou. Abri a porta. Era um senhor que foi logo dizendo: "Eu sou empregado da companhia de luz. Estava arrumando as lâmpadas da porta da rua e lá de cima da escada. Olhando para cá, pensei assim: 'Descendo daqui vou lá naquele convento; às vezes as irmãs têm algum conserto elétrico para fazer'. E vim!" "Oh, meu filho, como é que você se chama?" "Alexandre." "Oh, Alexandre, o meu ferro acaba de queimar. Entre para cá."

Ele abriu uma valise, tirou peças novas, chapa, tomada e arrumou tudo direitinho. Enquanto isso eu contei, maravilhada, para ele, a minha conversa com o Coração de Jesus. Então, ele me disse: "Na hora em que a senhora falou com o Coração de Jesus na capela, Ele me deu ordem de vir aqui lá em cima do poste! "Quanto te devo, meu filho?" "Uma Ave-Maria!"

A minha vocação (1947)

Mamãe ficou 10 anos paralítica. Era da cama para a rede, da rede para a cama. Ela era para mim a Mãezinha do Céu; assim evitava toda pressa, toda impaciência, toda palavra áspera ou indelicada. Depois que ela morreu, chegou em minha casa o Padre Alfredo, vigário; ele me disse: "Maria, o que eu tenho aqui para você". E assim falando, ele batia com a mão no bolso de sua batina. "Uma carta [respondi], me chamando para o convento." "Que isso, Maria, ainda é cedo para você adivinhar!"

Ele me entregou. Era uma carta da Irmã Gema, carmelita de Belo Horizonte, me convidando para ir trabalhar na portaria do Carmelo de Petrópolis. O Padre Alfredo continuou: "Você tem coragem de deixar o Chiquinho e a Maria de Lourdes?" "Sim, tenho. Tenho até coragem de morrer mártir, escrevendo, com o meu dedo molhado no meu sangue, o nome de Jesus! Depois, o Chiquinho já está trabalhando, e a Maria de Lourdes é professora. Eles podem tomar refeição de pensão, se for preciso. Foi Jesus que me chamou."

Fui com o Padre Antenor. Quando chegamos em Petrópolis, a superiora me chamou na roda. "Quantos anos você tem?" "50 anos." "Você não vai ser aceita para entrar, porque aqui não se aceita gente de idade."

Elas reuniram o conselho da casa e logo veio a resposta. Não seria aceita por três motivos: eu era velha, pobre, analfabeta. Três coisas lindas para mim. Considero isto três graças da Mãezinha do Céu.

Madre Antonieta, que me deu a notícia, me chamou e falou: "Maria, você não foi aceita, não. Você fica triste?" "Não. Eu sou da Mãe do Céu. Eu fico na portaria. Já estou no convento, morando com Jesus debaixo do mesmo teto. Eu faço o meu trabalho, e, nas horas vagas, fico em adoração diante do Santíssimo Sacramento".

Fiquei 10 anos na Portaria! Esses 10 anos foram uma maravilha. Os minutos que sobravam do trabalho, eu os passava com Jesus, na Sua prisão de amor. Eu gostava de dizer a Ele: "Jesus, estou aqui":

> Meu coração *é* a lâmpada da Divina Eucaristia,
> Meu sangue *é* azeite que te ilumina noite e dia.
> Esculpi isto no coração de Maria.

Quando completou 10 anos que eu estava lá, nesta vida, Madre Tereza, que exercia a função de roupeira, decidiu fazer uma nova fundação. Ela foi conversar com a Madre Antonieta nestes termos: "Eu vou fazer uma fundação. Este carmelo já tem 22 irmãs; não vai fazer falta. E eu vou levar a Maria". "Como? [replicou Madre Antonieta]. Ela chegou aqui com 50 anos e não foi aceita, e agora, com 60 é que vai entrar?" "Se ela estivesse com 70, ainda assim eu a levaria comigo." "Já que é assim, ela entra aqui mesmo e já vai professa para lá."

Entrei no dia 27 de julho de 1957. Foi assim: a Madre Antonieta reuniu o conselho para expor o assunto de minha entrada. Na hora da comunhão eu falei para Jesus: "Ó, me conta Pai de Amor, que dia vou entrar?" A resposta foi: "12 de maio, e no dia 13 você já estará lá dentro para comemorar a descida da Mãe do Céu em Fátima".

No dia da minha tomada de hábito enfeitaram tudo e fizeram um tapete com flores vermelhas. O vestido de noiva, de crepe branco, todo plissado, a coisa mais linda, doação do Arturzinho; foi confeccionado em Belo Horizonte. O véu de tule tinha 4m de comprimento. A coroa de lírios brancos, toda perfumada foi um presente dos amigos e parentes de Dores do Indaiá. Ela chegou pelo correio. Era uma coroa de rainha, no dizer da Madre Tereza. Eu até chorei com a coroa na mão. Na véspera, Madre Angélica me chamou e disse: "Maria, vai para a cela, para a Irmã Ana Lúcia pôr papelote e seu cabelo ficar ondulado".

Enquanto ela penteava, eu baixei a cabeça e rezei assim: "Se é mesmo a Mãezinha do Céu que está me penteando, vai colocar aí 15 pepelotes em honra dos 15 mistérios do Rosário".

Quando a Irmã Ana Lúcia falou: "Pronto", eu lhe disse: "Agora você conta quantos papelotes colocou". "Quinze", contou ela. Então, eu disse: "Ó maravilha, Ana Lúcia do céu, não foi você, mas a Mãezinha do Céu quem me penteou..." E contei para ela a oração que tinha feito e a resposta.

Eu fiquei com uma alegria com aqueles 15 mistérios na cabeça. Quando, no dia seguinte, a Irmã Ana Lúcia voltou para me preparar para a cerimônia, terminando, olhou para mim e disse: "Você está uma belezinha, um encanto!" Eu disse: "Tenho que estar mesmo. Eu sou de Jesus, a Mãezinha do Céu que me arrumou".

Fundação do carmelo em Juiz de Fora

Eu estava na portaria do carmelo. Toda hora o telefone tocava. Ora Formiga, ora Oliveira, Leopoldina, João Pessoa etc. "Quem fala aqui é o bispo de João Pessoa." "Pois não, senhor bispo." "Eu soube que vai sair uma nova fundação desse carmelo *aí*. Diga à madre que eu quero esta fundação aqui em João Pessoa..." "Sim, vou comunicar a madre."

E assim todos. Cada um queria que fosse para a sua cidade. Eu tocava a campainha para dentro da clausura e dava os recados à Madre Teresa, que era a fundadora. Madre Teresa então me falou: "Maria, são tantos os pedidos. Para onde devemos ir? Faça uma novena de orações para Santa Teresa, para ela nos dizer onde será".

Iniciei a novena, rezando assim: "Vós, Santa Teresa de Jesus, fundastes 32 carmelos. A nossa Teresa de Jesus daqui quer fundar um carmelo. Onde ela deve fundar?"

No sexto dia da novena, no momento em que eu rezava assim, a pena que a Santa tinha nas mãos caiu perto de mim e se fez em três pedaços. E eu ouvi distintamente estas palavras: "A fundação é em Juiz de Fora". Não falou alto porque eu não sou digna, mas o que sei é que ouvi estas palavras. Apanhei mais que depressa os três pedaços e corri para levar a mensagem à Madre Teresa. Toquei a campainha da clausura. Veio a Irmã Nazaré. "Chame a Madre Teresa [falei], eu tenho uma coisa importante para contar a ela." Veio a Madre Teresa: "O que foi, Maria?" "Já tenho a resposta. A fundação é em Juiz de Fora. E contei o sucedido, mostrando-lhe a pena em três pedaços." E ficou assim decidido.

Mais tarde o Arturzinho veio ao carmelo. Mostrei-lhe a pena quebrada. Ele falou: "Isso não é nada, Maria. Meu sobrinho é especialista". Levou os pedaços e trouxe-a mais tarde, arrumada. Ficou perfeita, mais bonita do que antes.

Mais tarde a Madre Teresa veio me dizer na roda: "Maria, já sabemos o lugar, mas precisamos de um benfeitor para fazer a fundação. Só tenho Cr$ 10,00 que coloquei num saquinho, nas mãos do Menino Jesus. Faça uma novena para pedir esse benfeitor".

Eu comecei a novena a Nossa Senhora. Rezava assim: "Mãezinha do Céu. Nós vamos fazer uma fundação. Arranja um benfeitor para nós".

No sexto dia da novena, toca a campainha: "Quero falar com a Madre Teresa". "Quem é o senhor?" "Celso da Rocha Miranda."

Chamei na campainha a Madre Teresa. Madre Teresa expôs ao Dr. Celso o seu intento da fundação em Juiz de Fora. No final da conversa, ele disse à Madre Teresa: "Pode fazer a fundação e me apresente a conta".

Madre Teresa veio com a (Irmã Maria de Lourdes) Lisa a Juiz de Fora procurar uma casa. Depois de muita procura, achou esta, comprou, mandou retocar e nós viemos para cá. Vieram Madre Teresa, Irmã Rosa Branca, Irmã Maria de Lourdes, Irmã Ana Lúcia (noviça). Eu ainda fiquei lá em Petrópolis mais dois meses, aguardando a licença, pois ainda era noviça.

O cafezinho do noviciado

Eram 4h da tarde. Eu ia subindo uma escada de cimento perto da cozinha, quando veio de lá um cheiro forte de café coado. No alto encontrei-me com Madre Teresa e lhe disse: "Ó Madre Teresa, que vontade eu tenho de tomar café! Aqui é só mate, de manhã à noite..."

Madre Teresa ficou com pena de mim, desceu à cozinha e falou com a Irmã encarregada assim: "Vou levar uma xicrinha de café para a Irmã Maria Amada. Ela está com muita saudade de um cafezinho". "Não, não pode não. Ela é noviça. Tem que se acostumar. Não quero abrir precedentes."

Madre Teresa voltou e me disse: "A irmã não deixou". Eu respondi: "Não faz mal, eu ofereço este sacrifício a Nosso Senhor". Madre Teresa então acrescentou: "Lá em Juiz de Fora você terá um bule de café bem grande, e pode tomar quanto café quiser..."

Dois meses depois, fui para Juiz de Fora. As irmãs me receberam com muita alegria. Colocaram na porta da clausura um altar muito enfeitado de Nossa Senhora do Carmo e nele um cartaz enorme que dizia: "Jesus é Jesus, e nunca deixou de ser Jesus"... Lembrei-me daquela oração que fizera na roça de algodão quando éramos crianças e que a Lisa me disse que queria estudar. Nós éramos pobres. Papai tinha morrido, a mamãe viúva. Eu me lembro que as nuvens brancas passavam no céu. Minha palavra saiu de dentro do coração e foi lá dentro do céu!

"Você pode estudar, Jesus é Jesus e nunca deixou de ser Jesus." Esta história já lhe contei em outro dia.

Depois eu senti um cheiro forte de café. Madre Teresa, em sua delicadeza, havia colocado na mesa do refeitório, um bule enorme, cheinho e fumegante de café, e uma xícara ao lado: "Este café é todo seu, Maria. Pode tomar..."

Naquele dia eu tomei duas xícaras em seguida para acabar com aquela secura que eu estava.

O latim do Ofício Divino

O Ofício Divino, naquele tempo, era todo em latim. As noviças participavam com a Comunidade e recebiam tarefas como, por exemplo, a leitura no meio do coro, de trechos da Bíblia, dos Santos Padres ou então do Evangelho, tudo em latim.

Eu era noviça com a Irmã Maria Amada. Fui encarregada de passar com elas todos os dias, a leitura, e, para facilitar, eu pedia à Madre Teresa para encarregá-la sempre do Evangelho, que era um latim mais fácil.

Mas um dia, Madre Teresa, por distração, encarregou-a de ler o 2º noturno, um trecho de São João Crisóstomo. Fiquei muito preocupada e disse: "Irmã Madre Maria Amada, vou pedir a Madre Teresa para trocar a sua leitura, ela é muito difícil". Ao que ela respondeu: "Não, filhinha, eu sou ignorante, a Mãezinha do Céu sabe disso, eu sou empregada dela. É ela quem lê por mim, por isso deixa estar; na hora vai sair tudo direitinho, falado pela patroa, que é cheia de sabedoria". Continuei preocupada porque ela nem quis passar a leitura, dizendo que tinha quatro túnicas para pregar as nesgas, e que a costura a Mãezinha do Céu não ia fazer porque ela sabia que a empregada sabe costurar. Mas, o latim que a empregada não dá conta, na hora ela ia se encarregar de ler.

O latim do Ofício Divino

Chegou a hora de Matinas. Eu estava preocupada pelo fato de ser responsável em repassar com ela a leitura. Quando chegou o 2º noturno, a Irmã Maria Amada foi para o meio do coro e leu tão bem quanto qualquer padre o faria; fiquei impressionada com tal fluência verbal e pontuação certa.

No dia seguinte, na hora de repassar com ela a leitura, ela entrou na minha cela com quatro túnicas na mão e perguntou: "Escuta, filhinha, me diz uma coisa: O que está mais bem-feito, esta costura ou a leitura de ontem?" E eu olhei atentamente e por amor à verdade tive que confessar: "A leitura foi mais bem-feita do que a costura". E ela, com um olhar muito transparente, me disse: "Pois é, filhinha, essa costura foi feita pela empregada e a leitura foi feita pela patroa, a Mãezinha do Céu. Eu não preciso me preocupar com nada na terra. Ela faz tudo porque ela é cheia de graça. Quando a gente diz, Ave-Maria cheia de graça, o mundo fica cheinho de graça. Se as pessoas soubessem o valor da Ave-Maria, subiam para o céu como um foguete".

Deus dá e traz cá

"Deus dá e traz cá"

Durante a construção do Carmelo de Juiz de Fora, a situação financeira ficou muito precária. Além do carmelo não ter renda, estava endividado.

Não tendo com que fazer as compras da semana para prover as necessidades da casa. Madre Teresa, então ecônoma, foi ao coro, onde estava a Irmã Maria Amada rezando o terço e lhe disse: "Estamos precisando muito de uns trocados para comprar mantimentos". A Irmã Maria Amada voltou-se, então, para a imagem de Nossa Senhora de Fátima, diante da qual rezava o terço, e disse: "Mãezinha do Céu, Madre Teresa não tem dinheiro para comprar o que pôr na panela; dá para ela uma pelega, para comprar o necessário para o sustento de suas filhas; alimenta nós, para ficarmos todas fortes, para te amar. Ouve Mãezinha tua empregada que te pede para você dar e trazer cá".

Ao sair do coro, Madre Tereza sentou-se no seu bureau e escreveu 10 cartas para os donos dos Armazéns da cidade, pedindo o donativo de um quilinho de cada coisa... Depois, chamou o Eusébio, um amigo, pedindo-lhe que fizesse a fineza de repartir aquelas cartas. O Eusébio, ao telefone, respondeu: "Irmã, hoje eu não posso, mas amanhã cedo farei isso".

Naquela mesma tarde, estando as cartas ainda fechadas no *bureau*, toca a campainha da portaria. Era a Léa, uma amiga do carmelo, trazendo uma Kombi abarrotada de mantimentos! E ela contou o seguinte: "Eu estava no Armazém, fazendo as minhas compras e pensava em levar também uns biscoitinhos para as irmãs do carmelo, quando aparece o meu pai e diz: 'Filha, o que está fazendo por aqui?' Ele estava preocupado porque eu acabava de sair do hospital. Então eu lhe disse que estava comprando uns biscoitinhos para as Irmãs. Ele respondeu: 'Pois enche esta Kombi® que está aí na porta e leva tudo para as suas irmãzinhas'".

As compras se espalharam pela mesa do refeitório. As irmãs, que viviam a penúria ficaram apatetadas... Foi quando chega a Irmã Maria Amada, batendo palmas como uma criança e diz para a Madre Teresa: "Eu não te disse, Madre Teresa, que a delicadeza da Mãezinha do Céu é perfumada? Ela dá e traz cá; agora a panela vai ferver dois meses".

Confidência

O meu Rosário! Fico encantada.

De madrugada Nossa Senhora me acorda para rezar o meu Rosário, às 2h ou às 3h. Põe a mão na minha cabeça ou dá um tapinha, assim...

O Rosário fica debaixo do meu travesseiro. Sento-me, tiro o Rosário e começo assim: "Mãezinha do Céu, é hora de conversarmos". Logo ela me dá um pensamento bonito.

Olha aqui, é hora de uma prosinha, vós no céu e eu na terra...

Vós fostes saudada pelo anjo para ser a mãe de Jesus e nossa Mãezinha também. Fruto do mistério, a humildade.

Eu fico encantada com a Mãezinha do Céu. O sorriso dela é a coisa mais linda do mundo. É um arzinho de riso, de um lado só.

Eu fico com vontade de morrer, só para ver ela.

Alça com alça

Eu estava fazendo um crochê e perdi a amostra; não sabia mais como continuar. Então, cheguei perto do Sacrário e falei assim com Ele: "Olha, Jesus, eu

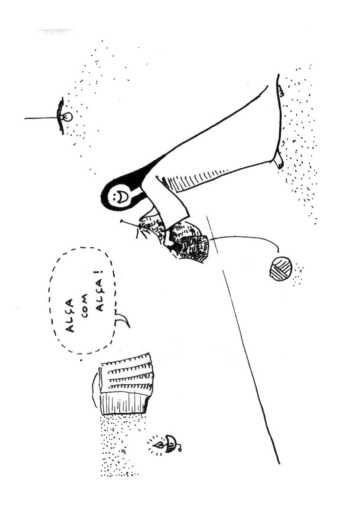

comecei a fazer este crochê [e mostrei para Ele], perdi a amostra e não sei mais como vou continuar..." "Alça com alça", escutei na mesma hora, lá dentro de mim. Ele não respondeu alto, porque eu não sou digna de ouvir. Logo entendi como seria. Eta tempo bom! Tempo de intimidade íntima com Jesus!

É preciso oferecer a gema...

Dois meses após a sua Profissão Solene, um rude golpe atinge a Irmã Maria Amada: falece repentinamente o seu irmão Josué (o Zoé), companheiro fiel dos seus tempos de infância.

Uma amiga foi ao Locutório, visitá-la.

Foi quando ela se lembrou de contar este caso: Uma vez, chegou lá em casa um tio nosso, e disse à mamãe: "Comadre, hoje fui obrigado a fazer dessas coisas que estragam o nosso dia". "Que foi que aconteceu, mano?" "Dei uma surra bem dada no João Batista. Veja você que não é de hoje que venho prometendo, e ele treteando comigo; hoje, encheu as medidas, então castiguei-o como merecia." "E ele?" "Foi chorar baixinho atrás de casa, muito sentido. Fiquei com muita pena."

A mãe ficou com muita dó. Na hora do café, sabendo que ele gostava muito de ovo, estrelou um na manteiga, com um punhado de farinha do lado e levou para ele dizendo: "Come, meu filho, está muito fresquinho e fiz com todo cuidado para você".

Com as lágrimas pingando no prato, e o soluço que não parava, ele foi comendo a clara do ovo rodeando a gema. Por fim disse: "Mamãe, papai gosta tanto de gema de ovo; esta está tão amarelinha; vou levar para ele". E veio procurar-me. "Papai, o senhor gosta tanto de gema de ovo, esta foi mamãe que fritou para mim e está muito fresquinha. Come, papai!"

Eu fiquei engasgado. Minhas lágrimas pingaram, e com custo consegui convencer o João Batista que eu estava feliz de vê-lo comer a gema...

E, arrematando o caso, após pequena pausa, Irmã Maria Amada acrescentou:

"Na vida é também assim: às vezes a mão de Deus parece tão pesada!... Mas temos sempre uma gema fresquinha para oferecer ao nosso Pai..."

Ao dizer isso, também suas lágrimas rolaram silenciosamente em seu escapulário marrom.

É Natal

"Não estou no mundo em que nasci!... Fui criada num engenho de cana, no meio da garapa e dos tachos de açúcar. Hoje, para adoçar o meu café pingam umas três gotinhas de um remédio... Fico doida para comer um bolo com açúcar!...

A Irmã Maria Amada não sabe que é diabética. Ela não entende porque os médicos a proibiram de comer doces.

Muitas vezes a surpreendemos, sentada em sua cama, com um ar de criança, a saborear um pedaço de bolo e a agradecer à "Mãezinha do Céu a delícia daquela tora de bolo feita no paraíso".

No Natal, muitos amigos enviaram ao carmelo, bolos, tortas, frutas cristalizadas.

Quando a Irmã Maria Amada viu a mesa do refeitório enfeitada com os seus pratos prediletos, com os olhos fixos num panetone no qual estava escrito, Feliz Natal, bateu palmas, fez um sorriso maroto gozando as Irmãs que sempre escondem dela as coisas gostosas, e deu uma risada, dizendo:

"*Re... re...* A Mãezinha do Céu está de resguardo; desta vez ninguém vai conseguir controlar a empregada dela. Ela toma conta da cozinha e come doce à vontade. Que delicadeza!" E foi logo pegando dois figos cristalizados em cada mão; saiu de mansinho saboreando-o tranquilamente.

Esta filha de Santa Tereza, herdou na simplicidade de sua vida aquele senso de humanidade que a Santa Madre tanto admirou no Cristo e não cansava de procurar despertar em suas filhas.

"Aí dentro mora um povão"

"Aí dentro mora um povão"

Em uma quinta-feira, às 3h da tarde, quando cheguei ao Hospital Santa Mônica em Belo Horizonte, para visitar a Irmã Maria Amada. "Cheguei para te ver", e foi logo abraçando a Irmã.

Voltando-se para a Assistente Social do andar, que estava ao seu lado, a Irmã Maria Amada disse: "Você sabe que ela é o meu perfume do céu?"

Então, a assistente social, uma moça muito bonita e preparada, encarou-me e perguntou: "A senhora é a superiora da Irmã Maria Martins?" Respondi que sim. Ela continuou: "Irmã, eu estava esperando a senhora desde segunda-feira, para lhe contar a transformação que o olhar e as palavras da Irmã Maria Martins conseguiram fazer no meu interior. Eu me achava numa situação de horror; problemas de todos os lados sem nenhuma perspectiva na vida, e pensei que a solução seria atirar-me do 10º andar do prédio em que moro, e cair na calçada, como um 'pacote flácido' na expressão do Chico Buarque de Holanda. Para mim, nisso estaria a minha libertação. O suicídio acabaria com a minha vida e eu ficaria livre. O pior, Irmã, é que como assistente social deste andar, eu tinha que usar mil máscaras, tentando levar conforto aos doentes, enquanto eu mesma sentia um vazio terrível. Chegando aqui, cumprimentei a Irmã Maria

Martins com o sorriso mais forçado do mundo. E ela, com uma mão segurava o meu braço enquanto com a outra acariciava o meu rosto, dizendo: 'Filhinha, que rosto mais lindo você tem. Foi feito no céu. Que maravilha a sua pele macia como de uma criança'. E eu lhe respondi: 'Irmã, eu não tenho beleza. Aqui dentro de mim está o desespero!' Ela retrucou: 'O que é isso, filhinha; nada disso: aí dentro tem um povão: o Pai, o Filho e o Espírito Santo, a Mãezinha do Céu, os anjos e a corte celeste fazendo muito alvoroço, mandando reflexos de luz, por isso que o seu rosto é tão bonito. A Mãezinha do Céu é sede da sabedoria; foi ela quem te estudou para você ser uma doutora, e ela é cheinha de delicadezas...' Irmã, sendo este acontecimento uma coisa tão íntima, eu esperei a senhora, por ser a superiora da Irmã Maria Martins, para lhe revelar. Mas o que eu tenho a lhe dizer é que fiquei de olhos fixos nos olhos da Irmã Maria Martins enquanto me falava, e senti que do olhar dela saiu um raio de esperança que penetrou em mim. E sem saber explicar como, eu senti que não estava mais só; que aquele povão que ela falou era uma realidade e daí comecei a ver a vida e desisti da morte".

Prova infalível

Quando eu soltar meu último suspiro
Quando o meu corpo se tornar gelado
E meu olhar se apresentar vidrado
E se quiserdes saber se ainda respiro.

Eis o melhor processo que eu sugiro:
"Não coloqueis o espelho decantado
Na frente de meu rosto descorado.
Porque não falha a prova que eu prefiro".

Fazei assim: "Por cima do meu peito
Do lado esquerdo, colocai a mão,
E procedei, seguros desse jeito".

Dizei "MARIA!" junto ao meu ouvido
E se não palpitar meu coração.
Então *é* certo que eu terei morrido!...

Conecte-se conosco:

f   facebook.com/editoravozes

◉   @editoravozes

🐦   @editora_vozes

▶   youtube.com/editoravozes

☎   +55 24 99267-9864

www.vozes.com.br

Conheça nossas lojas:

www.livrariavozes.com.br

Belo Horizonte – Brasília – Campinas – Cuiabá – Curitiba
Fortaleza – Juiz de Fora – Petrópolis – Recife – São Paulo

EDITORA VOZES LTDA.
Rua Frei Luís, 100 – Centro – Cep 25689-900 – Petrópolis, RJ
Tel.: (24) 2233-9000 – E-mail: vendas@vozes.com.br